● 教学能手课程PPT丛书

研究生学位论文开题报告的写作方法与技巧

甘 阳 编著

The Craft of
Writing a Postgraduate
Dissertation Proposal

哈尔滨工业大学出版社
HARBIN INSTITUTE OF TECHNOLOGY PRESS

内 容 简 介

本书以课程 PPT 讲义的新颖体例呈现，以鲜活的语言进行讲解，以丰富的实例进行说明，并奉上一份完整的硕士学位论文开题报告范本，精要而系统地讲授开题报告的"检—读—想—写—改—慎"写作方法和技巧。本书主要内容包括：检（Search）——高效检索文献的方法和技巧；读（Read）——文献阅读的方法和技巧；想（Think）——开题报告提纲的构思方法；写（Write）——写好开题报告各部分的方法和技巧；改（Revise）——开题报告去粗取精、按规范修改的方法；慎（Ethics）——学术道德规范和心理建设问题解答。

本书主要为理工科硕士和博士研究生撰写开题报告提供参考，也有助于青年教师提升自己撰写研究计划书的能力。

图书在版编目（CIP）数据

研究生学位论文开题报告的写作方法与技巧 / 甘阳编著. —哈尔滨：哈尔滨工业大学出版社，2022.8（2024.5 重印）
ISBN 978-7-5767-0199-9

Ⅰ.①研… Ⅱ.①甘… Ⅲ.①硕士学位论文-写作 Ⅳ.①G642.477

中国版本图书馆 CIP 数据核字（2022）第 122993 号

策划编辑　王桂芝
责任编辑　陈雪巍
出版发行　哈尔滨工业大学出版社
社　　址　哈尔滨市南岗区复华四道街 10 号　邮编 150006
传　　真　0451-86414749
网　　址　http://hitpress.hit.edu.cn
印　　刷　辽宁新华印务有限公司
开　　本　787 mm×1 092 mm　1/16　印张 10.25　字数 218 千字
版　　次　2022 年 8 月第 1 版　2024 年 5 月第 2 次印刷
书　　号　ISBN 978-7-5767-0199-9
定　　价　48.00 元

（如因印装质量问题影响阅读，我社负责调换）

前　　言

研究生写好学位论文开题报告对于研究生的培养意义重大,但是写开题报告的重要性未得到足够的重视,部分开题报告的写作质量不高,甚至存在比较严重的问题。其中,学生没有经过训练是一个主要原因。写好开题报告,不但要求研究生具有一定的学术文本写作能力,也需要文献检索和批判性阅读能力、文献梳理和聚焦问题能力、摆事实讲道理能力等。这些能力的提升虽不可能一蹴而就,但是专门、系统的训练应该能起到一定的作用。

我自 2013 年起一直为学院的博士生讲授"学术写作与规范"课程,主要侧重讲授英文文章的写作和发表。2019 年起,学校要求各学院为硕士生开设"学术写作与规范"课程（16 学时）,学院将该课程列为所有硕士生的必选课,让我主讲该课程。考虑到该课程的对象为硕士一年级学生,他们与博士生在写作能力和写作目标方面有一定差异,不能把博士生课程的思路照搬过来,所以我把课程定位于讲透开题报告的写作,让学生不但能在后续的开题报告写作中迅速见到实效,而且也能为其今后学术写作能力的不断提升奠定坚实的基础。

我一直试图给上课的学生推荐一本合适的教材。但是,我翻阅了大量的国内外已经出版的学术写作类图书,发现这些书籍讲理论的多、讲实例的少,长篇大论的多、语言鲜活的少,内容庞杂的多、模块化设计且易消化吸收的少,学生读了会觉得比较枯燥、实效性不强、"不解渴",对实际写作能力的提升作用有限。

基于此,我精心设计了课程并准备了课程的 PPT 讲义,以模块化的形式,结合鲜活生动的语言和丰富的实例,并辅以一份完整的开题报告范本,精要而系统讲授开题报告的写作方法和技巧。讲义主要内容包括：高效检索文献的方法和技巧；文献阅读的方法和技巧；开题报告提纲的构思方法；写好开题报告各部分的方法和技巧；开题报告去粗取精、按规范修改的方法；学术道德规范和心理建设问题解答。

2019 级和 2020 级共约 500 多名研究生上课并试用了讲义,普遍反映课堂讲授和讲义生动不枯燥、实效性强,对实际写作能力的提升作用显著。该课程受到了学生的好评,评教为 A,也获得了学校的"2020 年在线教学法竞赛"一等奖。

哈尔滨工业大学一直非常重视研究生学术写作能力的培养,化工与化学学院更是如此。课程结束后,在校研究生院和学院领导的支持和鼓励下,我用时数月,将课程 PPT

精简提炼改写成本书。本书的结构基本上与课程模块框架一致，具有如下特色：

（1）以课程 PPT 讲义的新颖体例呈现，尽量原汁原味地保留课程的特色。

（2）以模块化的形式呈现，语言鲜活生动，实例丰富，便于学生消化吸收。

（3）辅以一份完整的硕士学位论文开题报告范本，并提供了《哈尔滨工业大学研究生学位论文写作指南（理工类）》和《哈尔滨工业大学研究生学位论文书写范例（理工类）》的下载链接（http://hitgs.hit.edu.cn/2021/0429/c3425a253487/page.htm 和 http://hitgs.hit.edu.cn/2021/0513/c3425a254242/page.htm），供学生学习。

本书的写作得到了学校研究生教学改革项目（项目名称："学术写作与规范"课程教学改革创新与实践）的支持，王晶老师在立项申请书的撰写和课程效果调研等方面贡献很大，在此表示感谢。

希望本书的出版，能为学习同类课程的学生提供一本合适的参考书，助力提升广大研究生尤其是理工科研究生的学术写作能力，也为我校乃至国家的研究生教育和改革事业的发展有所助益。

由于作者水平有限，书中难免存在不足，敬请诸位读者批评指正，有任何疑问可反馈至 Email:ygan@hit.edu.cn。

作　者

2022 年 5 月

于哈尔滨工业大学明德楼

目　　录

第 1 篇　　开题报告的写作方法与技巧

第 1 章　绪论 ·· 4

1.1　本硕博不同阶段的培养目标 ·· 4
1.2　研究——探索未知的世界 ·· 6
1.3　为什么要写学位论文开题报告 ·· 6
1.4　写好开题报告的诸多好处 ·· 7
1.5　对研究生开题报告的要求 ·· 8
1.6　开题报告的质量如何评价 ·· 9
1.7　参考书和校学位论文写作指南 ··· 11

第 2 章　高效检索文献的方法和技巧——"检读想写改慎"写作法之"检"篇 ········ 12

2.1　确定检索范围和关键词 ·· 12
2.2　Web of Science 主题检索和精炼检索示例 ··· 13
2.3　检索、下载和管理文献的 6 点注意事项 ··· 18
2.4　如何持续跟踪最新文献 ·· 20
2.5　文献检索能力强的标志和能力弱的后果 ··· 20

第 3 章　文献阅读的方法和技巧——"检读想写改慎"写作法之"读"篇 ··············· 21

3.1　为什么要读期刊文章 ··· 21
3.2　研究性论文及综述类、专题评述类文章的特点 ··· 23
3.3　养成良好的文章阅读习惯 ··· 25
3.4　三步法快速掌握一篇文章的要点 ·· 26
3.5　如何批判性地阅读文章的各个部分 ··· 28
3.6　批判性阅读文献能力强的标志 ··· 29

第 4 章　开题报告提纲的构思方法——"检读想写改慎"写作法之"想"篇 ··· 31

4.1　构思："好好想+想好"是写好的基础 ··· 31
4.2　构思提纲的大原则 ··· 32
4.3　构思提纲：理思路、搭框架、画重点 ··· 33
4.4　再想，再细化提纲 ··· 33

第 5 章　写好开题报告各部分的方法和技巧——"检读想写改慎"写作法之"写"篇 ··· 34

5.1　你应该知道的优秀科技论文的特点 ··· 35
5.2　如何快速高效地写出开题报告的第一稿 ··· 42
5.3　开题报告绪论部分的写作 ··· 42
5.4　"课题来源及研究的背景和意义"的写作 ··· 45
5.5　"国内外在该方向的研究现状及分析"的写作 ··· 52
5.6　你必须知道的开题报告目录和标题格式规范 ··· 61
5.7　"主要研究内容"的写作 ··· 62
5.8　为什么好好写完绪论你可以庆祝一下了 ··· 64
5.9　"研究方案"的写作 ··· 68
5.10　"预期达到的目标"及"进度安排"的写作 ··· 71
5.11　"已完成的研究工作"的写作 ··· 73
5.12　"主要参考文献"的写作 ··· 92
5.13　"为完成课题已具备和所需的条件及经费"的写作 ··· 94
5.14　"预计研究过程中可能遇到的困难和问题，以及解决的措施"的写作 ··· 95
5.15　开题报告的篇幅：我的建议 ··· 95

第 6 章　开题报告去粗取精、按规范修改的方法——"检读想写改慎"写作法之"改"篇 ··· 96

6.1　开题报告的修改策略 ··· 96
6.2　学术论文的句式特点 ··· 97
6.3　修改完善论证、仔细修改文句 ··· 98
6.4　写好开题报告题目的方法 ··· 98
6.5　开题报告排版技巧 ··· 100
6.6　理工科论文规范写作的易错问题辨析 ··· 104
6.7　开题报告修改特别提示 ··· 111

第7章 学术道德规范和心理建设问题解答——"检读想写改慎"写作法之"慎"篇 ···113
   7.1 学术论文发表的道德规范 ···113
   7.2 严重的学术不端行为 ···114
   7.3 对学位论文中抄袭行为的认定（暂行）···114
   7.4 如何正确改写、总结以避免抄袭 ···115
   7.5 开题报告写作的心理建设 ···116

第2篇   硕士学位论文开题报告范本

硕士学位论文开题报告：图形化（100）单晶硅在四甲基氢氧化铵溶液中的蚀刻行为研究 ··· 121

参考文献 ··· 156

开题报告的写作方法与技巧

研究生学位论文开题报告的写作方法与技巧

The Craft of Writing a Postgraduate Dissertation Proposal

甘 阳

哈尔滨工业大学

内 容 概 览

传授开题报告写作的"检—读—想—写—改—慎"方法

- 绪论（Introduction）：如何看待开题报告的写作（第1章）
- 检（Search）：高效检索文献的方法和技巧（第2章）
- 读（Read）：如何批判性地阅读专业文章（第3章）
- 想（Think）：找到研究切入点的方法和技巧（第4章）
- 写（Write）：写好开题报告各部分的方法和技巧（第5章）
- 改（Revise）：去粗取精、按规范修改开题报告的方法（第6章）
- 慎（Ethics）：学术道德规范和心理建设问题解答（第7章）

第1章 绪论

1.1 本硕博不同阶段的培养目标
1.2 研究——探索未知的世界
1.3 为什么要写学位论文开题报告
1.4 写好开题报告的诸多好处
1.5 对研究生开题报告的要求
1.6 开题报告的质量如何评价
1.7 参考书和校学位论文写作指南

1.1 本硕博不同阶段的培养目标

➢ 培养目标

✓ 本科：素质教育。

✓ 硕士：专业教育，初级研究能力。

✓ 博士：专业教育，高级研究能力。

> **对比本硕博的学位论文**
> - ✓ **本科（学士）（毕业设计（论文））**：应反映出作者具有专门的知识和技能，具有从事科学技术研究或担负专门技术工作的初步能力。一般只涉及不太复杂的课题，论述的范围较窄，深度也较浅；因此，严格地说，学士论文一般还不能作为科技论文发表。
> - ✓ **硕士（硕士学位论文）**：必须具有一定程度的创新性，强调作者的独立思考能力。合格的硕士学位论文，<u>应基本上达到了发表水平</u>。
> - ✓ **博士（博士学位论文）**：可以是1篇论文，或是相互关联的若干篇论文的总和。博士学位论文应反映出作者具有坚实、广博的基础理论知识和系统、深入的专门知识，以及独立从事科学技术研究工作的能力，还应反映该科学技术领域最前沿的独创性成果。<u>博士学位论文被视为重要的科技文献</u>。
>
> （本节部分内容直接引自或改编自参考文献[1]。）

学士、硕士、博士学位论文　示例

本科毕业设计（论文）	硕士学位论文	博士学位论文
39页：图表20个	74页：图表39个	113页：图表66个
哈尔滨工业大学 **毕业设计（论文）** 题　目　高度有序热解石墨的 　　　　水润湿性影响因素研究 专　业　能源化学工程 学　号　_____ 学　生　_____ 指导教师　甘阳 答辩日期　2016.06	硕士学位论文 单晶硅在四甲基氢氧化铵溶液中的蚀刻行为研究 STUDY ON ETCHING BEHAVIOR OF MONOCRYSTALLINE SILICON IN TMAH SOLUTION 小小蚀刻先生 哈尔滨工业大学 2019年6月	博士学位论文 单晶和多晶衬底支撑石墨烯的扫描电镜成像表征研究 SCANNING ELECTRON MICROSCOPY IMAGING OF GRAPHENE SUPPORTED ON MONOCRYSTALLINE AND POLYCRYSTALLINE SUBSTRATES 哈尔滨工业大学 2019年6月

1.2 研究——探索未知的世界

➢ 研究——探索未知的世界，拓展已知和未知的边界

➢ 研究生——探索未知世界的人

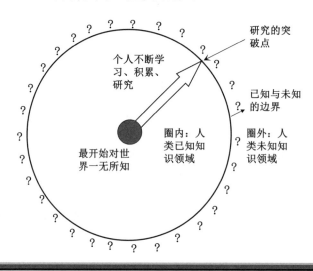

1.3 为什么要写学位论文开题报告

➢ 写开题报告有很多作用，绝不仅仅是让你闹心、让你烦
- ✓ 总结：系统总结入学以来你查阅、研读的文献和思路。
- ✓ 思考：通过梳理文献和思路，进一步激发新想法。
- ✓ 写作：尽快练习和初步掌握学术写作技能。
- ✓ 反馈：开题为什么不能只讲个PPT？因为精心整理、组织成文字材料后，老师才能便于详细审阅、评价，提出内容和格式等方面的具体及建设性的修改意见。
- ✓ 证明：证明你能合理利用时间、自觉学习、独立思考和工作。
- ✓ 督促：成绩会记入奖学金评定，让你无法将大部分时间花费在玩乐和睡觉上。

1.4 写好开题报告的诸多好处

➢ **写完并写好开题报告，对你的研究生论文写作很重要**

- ✓ 你差不多写好了硕士论文的第 1 章绪论、第 2 章材料和方法以及第 3 章的一部分，为写好硕士大论文奠定了物质基础（1/3 内容）和精神基础！

- ✓ 此后，你还有几个月的时间做实验或设计，然后会紧张地求职、找工作；年底就是中期检查；接着在剩下不到 6 个月的时间内，完成第 3 章的剩余部分和第 4 章+硕士论文+答辩。

- ✓ 什么意思？手里有"货"，你的研究生生活就不会太焦虑了！

➢ **对你的读博和以后工作很重要**

- ✓ 如果你以后读博士，写博士开题报告手到擒来，它是一个 1.5 倍放大版的硕士开题报告！

- ✓ 如果你去工作了，上级派任务，说："小王，给你 1 个月，写一份新产品开发（或市场调研）项目企划书出来！你年底的升职加薪，你懂的哈……"。

- ✓ 怎么办？企划书和开题报告多大区别？相似度高达 95%！
  - > 项目实施的意义（对应课题的背景目的和意义）；
  - > 现有市场和产品调研（对应国内外研究现状）；
  - > 公司产品或市场的切入点（对应现状分析和问题挑战）；
  - > 项目计划和实施方案（对应研究内容和研究方案及时间安排）；
  - > 前期基础+需要的财务软硬件（对应进展，课题经费和研究条件）；
  - > 预期对公司的效益（对应预期目标和成果）。

- ✓ 什么意思？读博第一天，工作第一天，你信心满满！

> 写好开题报告，写发表的文章不算事*

✓ 题目（Title）
✓ 作者（Authors）
✗ 摘要（Abstract）
✗ 关键词（Keywords）
✓ Main text（对应开题报告正文）

开题报告与一篇期刊论文的相似度高达90%

开题报告字数：0.5万~1.5万字
期刊文章字数：很少超过0.5万字

  ✓ Introduction（高度浓缩以下部分：1 背景和意义；2 研究现状和分析；3 研究内容；5.3 预期目标）
  ✓ Methods（5.1 研究方案）
  ✓ Results
  ✓ Discussion }（4 已完成的工作）
  ✓ Conclusions

✗ 致谢（Acknowledgements）
✓ 参考文献（References）

（*注：写英文文章，还要考验你的英文写作能力。）

1.5 对研究生开题报告的要求

> 开题报告写作是极重要的论文写作训练

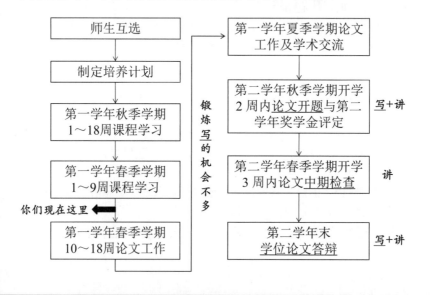

硕士论文开题报告要求（1~5部分合计不少于5 000字）

哈尔滨工业大学
硕士学位论文开题报告
题目：
院　（系）＿＿＿＿＿＿
学　科＿＿＿＿＿＿＿
导　师＿＿＿＿＿＿＿
研　究　生＿＿＿＿＿
学　号＿＿＿＿＿＿＿
开题报告日期＿＿＿＿

研究生院制

参考文献应在20篇以上，其中外文资料应不少于1/3，近5年内文献一般不少于1/3。

1　课题来源及研究的背景和意义
　　1.1　课题的来源
　　1.2　课题研究的背景和意义（不少于500字）
2　国内外在该方向的研究现状及分析
　　2.1　国内外研究现状
　　2.2　国内外文献综述的简析（不少于500字）
3　主要研究内容（不少于1 000字）
4　已完成的研究工作
5　研究方案及进度安排，预期达到的目标和取得的研究成果
　　5.1　研究方案（不少于500字）
　　5.2　进度安排
　　5.3　预期达到的目标和取得的研究成果
6　为完成课题已具备和所需的条件及经费
7　预计研究过程中可能遇到的困难和问题，以及解决的措施
8　主要参考文献

1.6　开题报告的质量如何评价

➤ <u>内容和写作俱佳</u>的硕士学位论文开题报告评议结果

硕士学位论文开题报告评议表　示例

学　号		姓　名		导师签字			
院（系）		学科		开题时间			
论文题目				开题地点			
评价要素 （由评审小组填写）	评价意见（相应栏内画"√"）				
	优秀	良好	中等	合格	不合格
选题的先进性、合理性	√				
国内外研究现状文献综述及存在问题的分析情况	√				
阐明研究目的及实际意义的明确程度	√				
研究方案、内容、路线及可行性论述的合理性		√			
目前已完成的研究工作与进度情况	√				
开题报告撰写的认真程度及规范性	√				
综合评定	√				

➢ 内容和写作俱差的硕士学位论文开题报告评议结果

硕士学位论文开题报告评议表　　示例

学　号		姓名		导师签字	
院（系）		学科		开题时间	
论文题目				开题地点	

评 价 要 素 （由评审小组填写）	评价意见（相应栏内画"√"）				
	优秀	良好	中等	合格	不合格
选题的先进性、合理性				√	
国内外研究现状文献综述及存在问题的分析情况					√
阐明研究目的及实际意义的明确程度				√	
研究方案、内容、路线及可行性论述的合理性				√	
目前已完成的研究工作与进度情况				√	
开题报告撰写的认真程度及规范性					√
综 合 评 定				√?	√?

➢ 对比研究生学位论文的专家评审意见

差的论文示例，请"耐心静候处理"：轻则大修，重则延期毕业。

学位论文专家评审意见表　　示例

请按匿名评审意见填写优、良、一般、差、很差或A、B、C、D、E			
	评价项目	评审结果	复审结果 （如有复审请填写）
论文评审情况	论文的创新性成果	良	一般
	论文的学术价值及应用价值	良	一般
	论文反映出作者的基础理论和专门知识水平	一般	良
	论文写作	一般	差
	论文总体评价	C	D

1.7 参考书和校学位论文写作指南

参考书 | 校论文写作指南（可通过前言所附链接获取）

你们可能现在满是疑问，如何才能写好研究生学位论文开题报告呢？压力好大呀！

本书，就是教你一套从现在开始起步，到写完，再到写好开题报告的方法和窍门的参考书。

第 2 章　高效检索文献的方法和技巧
——"检读想写改慎"写作法之"检"篇

2.1　确定检索范围和关键词
2.2　Web of Science主题检索和精炼检索示例
2.3　检索、下载和管理文献的 6 点注意事项
2.4　如何持续跟踪最新文献
2.5　文献检索能力强的标志和能力弱的后果

2.1　确定检索范围和关键词

➢ 先熟悉和阅读课题组发表的文章或导师推荐的文章（如何阅读？别急，秘籍见第 3 章）
  ✓ 多向导师和学长交流请教。
  ✓ 趁学长没毕业，享受有高手在侧直接讨教的便利！别留遗憾！
➢ 迅速熟悉论文课题的关键词（注意可能有几种写法，不要遗漏），然后……
  ✓ 利用Web of Science（2.2节中举例说明）、EI、GS、百度学术等进行主题或作者检索，变换关键词锁定重要文献。
  ✓ 点击链接进入相应的数据库（如ScienceDirect、Wiley、RSC、ACS、Springer Nature等出版社的数据库）下载全文（无法获得全文？技巧见后面）。

2.2　Web of Science主题检索和精炼检索示例
试一试身手：硅在TMAH溶液中的蚀刻行为

➤ 主题检索必备关键词：最大范围，不漏检的必要条件
- ✓ 硅（Silicon）。
- ✓ TMAH。
- ✓ 蚀刻（Etch）。

➤ 更多细化关键词：与具体研究内容紧密相关，精细检索
- ✓ 浓度（Concentration）。
- ✓ 蚀刻速率（Rate）。
- ✓ 形貌（Morphology）。
- ✓ 演变（Evolution）。
- ✓ 显微镜（Microscopy）。
- ✓ 原子力显微镜（AFM）。

具体操作步骤

➤ 第1步：基础检索（最大范围检索）得到基础文献
- ✓ 必备关键词：Silicon，TMAH，Etch。共检索到732篇。

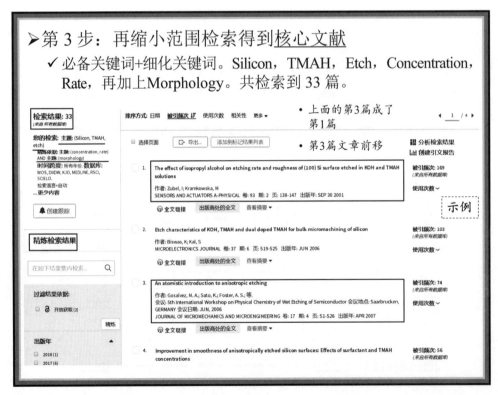

> **第 4 步：再缩小范围，尝试最明确的表征手段**
> ✓ 必备关键词+细化关键词。Silicon，TMAH，Etch，Rate，Concentration，Morphology，再加上AFM。无检索记录。

> **第 5 步：尝试稍放宽范围，原子力显微镜→显微镜**
> ✓ 必备关键词+细化关键词。Silicon，TMAH，Etch，Rate，Concentration，Morphology，加上Microscopy。共检索到5篇。

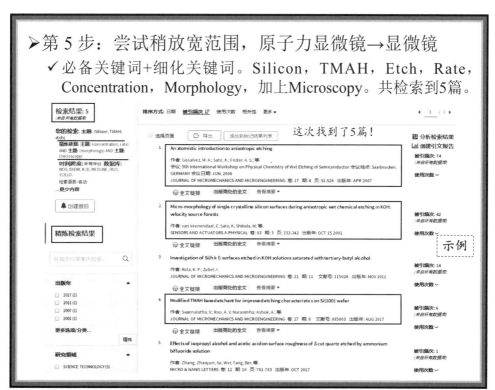

➢ 第6步：尝试变换检索范围，搜索关键文章
  ✓ 必备关键词+不同的细化关键词。Silicon，TMAH，Etch，Rate，Concentration，Morphology，Microscopy，加上Evolution。共检索到1篇。

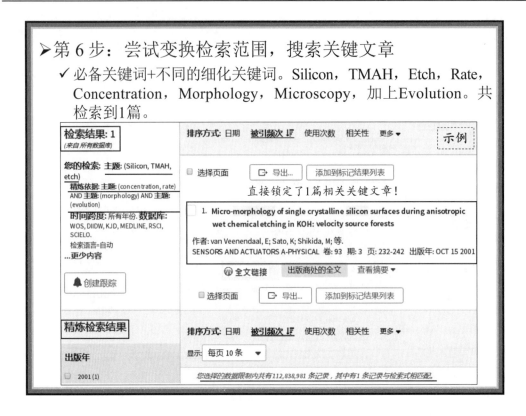

➢ 第7步：要特别关注高引用经典文献并快速浏览。
  好处：
  ✓ 用约半天时间就能快速了解该领域的发展。

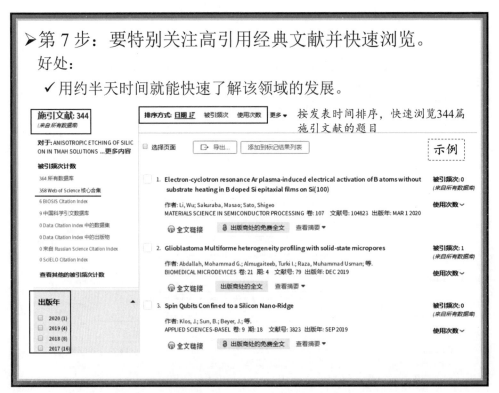

✓ 帮助锁定可能漏检的关键文章。

➢ 第 8 步：检索结果汇总，为下面的文献阅读做好准备

✓ 基础文献：732 篇。
✓ 重要文献：102 篇（略读）。
✓ 核心文献：33 篇（精读）。
✓ A 方向关键文献：3 篇。

2.3 检索、下载和管理文献的 6 点注意事项

➢ 第 1 点：通过文章检索，找到该领域的经典、核心、最新的 10～20 篇研究论文和综述。注意四个一定：

- ✓ 一定要找到该方向最早发表的几篇经典文章的全文！
- ✓ 一定要找几篇不同作者、不同时期写的综述文章！
- ✓ 一定要找到最新的非灌水文章！
- ✓ 一定要马上命名好下载的文章的 PDF 文件，不要用 "202003188888" 等毫无识别力的原始文件名！
  - ➢ PDF 文件命名窍门：第一作者姓名-（建议加一句话概括）-期刊名-发表年-文章的完整题目
  - ➢ 举例：Huang-石墨烯层数的SEM表征-Small-2018-High-contrast SEM imaging of supported few-layer graphene for differentiating distinct layers and resolving fine features

➢ 第 2 点：构建一个文献网络。根据这些文章的引用关系，顺藤摸瓜，搞清楚在这个领域中谁是开创者、重要作者、一般作者、灌水作者（不少），各自主要观点分别是什么

➢ 第 3 点：保持跟踪。这些人有什么新文章，定时看一看（下页讲如何日常跟踪文献）

➢ 第 4 点：下载文献的管理。推荐将 Endnote 作为下载文献的管理软件（可建好库、建立 PDF 链接），其可作为参考文献生成软件（与 Word 和 Web of Science 无缝结合）。建议通过学习网上教程或阅读图书尽快掌握使用技巧

要很熟悉值得关注的研究者的系列论文
（示例为甘老师的近期石墨烯SEM表征系列文章）

FULL PAPER
2D Material Characterization

High-Contrast SEM Imaging of Supported Few-Layer Graphene for Differentiating Distinct Layers and Resolving Fine Features: There is Plenty of Room at the Bottom

Li Huang, Dan Zhang, Fei-Hu Zhang, Zhi-Hong Feng, Yu-Dong Huang, and Yang Gan*

Journal of Applied Physics — ARTICLE

Twinkling graphene on polycrystalline Cu substrate: A scanning electron microscopy study

Li Huang,[1,2] Dan Zhang,[1,2,a] Fei-Hu Zhang,[3] Yu-Dong Huang,[1,2] Zhi-Hong Feng,[4] and Yang Gan[1,2,a]

IOP Publishing   Mater. Res. Express 6 (2019) 085604   https://doi.org/10.1088/2053-1591/ab199d

Graphene to graphene, and substrate to substrate: how to reliably differentiate supported graphene from polycrystalline substrates using SEM?

Li Huang[1,2], Dan Zhang[1,2,4], Fei-Hu Zhang[3], Yu-Dong Huang[1,2] and Yang Gan[1,2,4]

示例

- 系列文章从简单体系到复杂体系
- 系列文章从理论到应用

➤ 第 5 点：一定要读并引用原始文献的全文！为什么
  ✓ 二手的信息不一定可靠！
  ✓ 偷懒不看原文、仅二手引用（Secondarily referencing）的危险：可能扭曲学术真实性，自误也误导他人。

➤ 第 6 点：一开始没有找到全文怎么办
  ✓ 不要放任不管！
  ✓ 利用Researchgate、小木虫等平台求助。
  ✓ 直接给文章作者写邮件，尝试获取PDF（注意礼节和英文书写）。
  ✓ 重要的文章一定要找到全文！一定要找到全文！一定要找到全文！

2.4 如何持续跟踪最新文献

➢ 定期浏览相关期刊最近发表的论文
　✓ 看题目和摘要、浏览全文，10 min足矣。
　✓ 估算：一天看2 h文献，一个月浏览多少篇？约300篇。
➢ 半年左右定期到各研究组网站看进展（没准会有PDF全文惊喜）
➢ 订阅各大数据库或网站（Web of Science、GS、各大出版社等）的**alert订阅功能**，能够定期收到特定文章的引用文献列表、相关方向或作者最新论文列表
➢ 关注学术性的微信公众号，看论文解读，扩展视野，保持好奇心

2.5 文献检索能力强的标志和能力弱的后果

➢ 文献检索能力强的标志——不发散、收敛
　✓ 找到了绝大多数的核心文章；爱读文章。
　✓ 新发表文章的参考文献中，绝大部分的文献均熟悉。
　✓ 不会时时发出"怎么又没看到过"的悲叹！
➢ 文献检索能力弱的后果——写作假、大、空
　✓ 不了解研究历史全貌，研究方向容易出现偏差。
　✓ 背景交待不清楚，甚至错误。
　✓ 绪论部分写作不完整、不具体。
　✓ 结果讨论无根据、空洞。
　✓ 后期论文写作费时费力，着急凑数，说不定还要返工！
　✓ 投稿直接被拒！

第3章 文献阅读的方法和技巧
——"检读想写改慎"写作法之"读"篇

3.1 为什么要读期刊文章

3.2 研究性论文及综述类、专题评述类文章的特点

3.3 养成良好的文章阅读习惯

3.4 三步法快速掌握一篇文章的要点

3.5 如何批判性地阅读文章的各个部分

3.6 批判性阅读文献能力强的标志

3.1 为什么要读期刊文章

➢ 为什么要读期刊文章
- ✓ 知识:大量的学科前沿知识。
- ✓ 方法:传统方法的应用实例、新方法的展示。
- ✓ 经验:研究者的经验和教训(提出研究假设、设计研究方案、分析数据、解释结果)。
- ✓ 进展:记录了研究的历史和发展脉络。
- ✓ 争议:读针对某篇文章的评论(Comment)和回复(Reply)最有趣了!
- ✓ 写作:阅读品鉴好和差的文章,有助于你写好一篇文章。

建议:<u>以看大片、读武侠、品历史的心态来读文献!</u>

> 不读文献，如何写开题报告？开题报告对文献阅读有具体要求

- ✓ 参考文献应在 20 篇以上，其中外文资料应不少于 1/3。
- ✓ 硕士研究生应在导师的指导下着重查阅近几年内发表的中、外文期刊文章，参考的近 5 年内（从开题时间算起）文献一般不少于 1/3。
- ✓ 本学科的基础和专业课教材一般不应列为参考文献。

文献阅读和综述情况是开题报告评价的重要指标

哈尔滨工业大学
硕士学位论文开题报告评议表

示例

学　号		姓名		导师签字	
院（系）		学科		开题时间	
论文题目				开题地点	

评价要素 （由评审小组填写）	评价意见（相应栏内画"√"）				
	优秀	良好	中等	合格	不合格
选题的先进性、合理性					
国内外研究现状文献综述及存在问题的分析情况					
阐明研究目的及实际意义的明确程度					
研究方案、内容、路线及可行性论述的合理性					
目前已完成的研究工作与进度情况					
开题报告撰写的认真程度及规范性					
综合评定					

3.2 研究性论文及综述类、专题评述类文章的特点

研究性论文

- **实（试）验研究类**。追求可靠的理论依据，先进的实（试）验设计方案，先进、适用的测试手段，合理、准确的数据处理及科学、严密的分析论证
- **理论推导类**。对提出的新假说，通过数学推导和逻辑推理，得到新的理论，包括定理、定律和法则
- **理论分析类**。对新的设想、原理、模型、机构、设备、材料、工艺、样品等进行理论分析，对过去的理论分析加以完善、补充或修正
- **设计计算类**。为解决工程、技术和管理问题进行的计算机程序设计；系统、工程方案、机构、过程、产品的计算机辅助设计和优化设计及计算机模拟；产品或物质的设计或调制、配制等

（本页部分内容直接引自或改编自参考文献[1]。）

综述类、专题评述类文章

- **综述（Review）类**。既述又评，综合介绍、分析、评述该学科（专业）领域里国内外的研究新成果、发展新趋势，并表明作者自己的观点，做出发展的科学预测，提出比较中肯的建设性意见和建议
- **专题评述（Overview，Perspective，Opinion，Comment）类**。对某些事业（产业）、某一领域、某一学科、某项工作发表议论（包括立论和驳论），通过分析论证，对它们的发展战略决策、发展方向、道路和方式及方针政策等提出新的、独到的见解

研究性论文：新知识、新方法、有趣的题目

FULL PAPER
2D Material Characterization

示例

High-Contrast SEM Imaging of Supported Few-Layer Graphene for Differentiating Distinct Layers and Resolving Fine Features: There is Plenty of Room at the Bottom

Li Huang, Dan Zhang, Fei-Hu Zhang, Zhi-Hong Feng, Yu-Dong Huang, and Yang Gan*

Journal of Applied Physics — ARTICLE

Twinkling graphene on polycrystalline Cu substrate: A scanning electron microscopy study

Li Huang,[1,2] Dan Zhang,[1,2,a] Fei-Hu Zhang,[3] Yu-Dong Huang,[1,2] Zhi-Hong Feng,[4] and Yang Gan[1,2,a]

Cite as: J. Appl. Phys. **125**, 194303 (2019); doi: 10.1063/1.5089151

IOP Publishing   Mater. Res. Express **6** (2019) 085604   https://doi.org/10.1088/2053-1591/ab199d

Graphene to graphene, and substrate to substrate: how to reliably differentiate supported graphene from polycrystalline substrates using SEM?

Li Huang[1,2], Dan Zhang[1,2,4], Fei-Hu Zhang[3], Yu-Dong Huang[1,2] and Yang Gan[1,2,4]

综述类：看历史、进展和展望

REVIEW OF SCIENTIFIC INSTRUMENTS **88**, 031101 (2017)

示例

Invited Review Article: Tip modification methods for tip-enhanced Raman spectroscopy (TERS) and colloidal probe technique: A 10 year update (2006-2016) review

C. C. Yuan,[1,2] D. Zhang,[1,2] and Y. Gan[1,2,a]

[1]*School of Chemistry and Chemical Engineering, Harbin Institute of Technology, Harbin 150001, China*
[2]*MIIT Key Laboratory of Critical Materials Technology for New Energy Conversion and Storage, School of Chemistry and Chemical Engineering, Harbin Institute of Technology, Harbin 150001, China*

(Received 15 December 2016; accepted 3 March 2017; published online 28 March 2017)

Engineering atomic force microscopy tips for reliable tip enhanced Raman spectroscopy (TERS) and colloidal probe technique are becoming routine practices in many labs. In this 10 year update review, various new tip modification methods developed over the past decade are briefly reviewed to help researchers select the appropriate method. The perspective is put in a large context to discuss the opportunities and challenges in this area, including novel combinations of seemingly different methods, potential applications of some methods which were not originally intended for TERS tip fabrication, and the problems of high cost and poor reproducibility of tip fabrication. *Published by AIP Publishing.* [http://dx.doi.org/10.1063/1.4978929]

> **专题评述类：评论性文章（Comment）**
>
> PRL **96**, 259601 (2006)　　PHYSICAL REVIEW LETTERS　　week ending 30 JUNE 2006
>
> **Comment on "Delayed Fracture in Porous Media"**
>
> Yang Gan*
> Department of Chemical Engineering, University of Newcastle, Australia
>
> From the point of view of fracture mechanics, the arguments in [1] are highly inappropriate, though the Letter does present some interesting experimental results. It also contains a rudimentary error. The authors have prepared glass samples with controlled porosity, and then used three-point flexion experiments to evaluate Young's modulus E and the breaking time (or lifetime, in their words). The key findings were clearly presented in Fig. 4; they found that the breaking time was not only affected by porosity, but also by applied force (a factor of 2 in changing stress will cause about 2 orders of magnitude variation of breaking time). In their following lengthy discussion, they invoked crack nucleation probability to explain their results, taking sample failure as the crack nucleation limited process. But their arguments are entirely unacceptable in two aspects.
>
> First, Griffith fracture theory does not say anything about crack nucleation; it gives only a thermodynamically
>
> 示例

3.3　养成良好的文章阅读习惯

➢ 主动阅读，不要消极被动

➢ 保持合理的怀疑精神。全面仔细地评价文章中的观点，在接受其结论前先问

　✓ 假设是否正确？解释恰当吗？理论合理吗？

　✓ 你能提出替代的观点吗？

➢ 边读边写。勤做笔记（小本子、论文第一页）。记下你的想法、批评点、认同点、值得学的语言点

　✓ 文章上应该是满满的批注！不要白纸一张！

3.4　三步法快速掌握一篇文章的要点

➢ 第1步：初步了解一篇文章
- ✓ 读题目和摘要。
- ✓ 了解文章是最近发表的还是以前发表的？期刊的质量如何？发表的文章类别有哪些？你对作者了解吗？他是真专家还是灌水作者？
- ✓ 快速浏览文章各主要部分的标题（文章的大纲）。

➢ 第2步：抓主线逻辑
- ✓ 好文章的图片（Figures）按照主线逻辑展开呈现。所以，读前言（Introduction）后，快速看一遍图片了解主线，再读结果（Results）和讨论（Discussion）部分。
- ✓ 当遇到的实验或分析晦涩难懂时，不必花太多时间深究，先快速把文章浏览完，也许问题在后面的内容中自然就有解答。

（本节部分内容直接引自或改编自参考文献[3]。）

➢ 第3步：识别文章的主要论点
- ✓ 引言的最后几段，找到文章的主要假设和问题点。
- ✓ 讨论部分，看假设在多大程度上得到了支持。
- ✓ 作者是否对后续的工作提出了展望。

一篇研究性英文论文（非综述）的常见结构

题名（Title）
作者（Authors）
摘要（Abstract）
关键词（Keywords）
论文主体（Main text）
 前言（Introduction）
 研究方法（Methods）
 结果（Results）
 讨论（Discussion）
 结论（Conclusions）
致谢（Acknowledgements）
参考文献（References）
支持信息（Supplementary material）

下面举例：快速阅读题目和摘要，获取文章的关键信息

好的摘要包括：背景、材料及方法、发现、意义

High-Contrast SEM Imaging of Supported Few-Layer Graphene for Differentiating Distinct Layers and Resolving Fine Features: There is Plenty of Room at the Bottom

示例

For supported graphene, reliable differentiation and clear visualization of distinct graphene layers and fine features such as wrinkles are essential for revealing the structure–property relationships for graphene and graphene-based devices. Scanning electron microscopy (SEM) has been frequently used for this purpose where high-quality image contrast is critical. However, it is surprising that the effect of key imaging parameters on the image contrast has been seriously undermined by the graphene community. Here, superior image contrast of secondary electron (SE) images for few-layer graphene supported on SiC and SiO_2/Si is realized through simultaneously tuning two key parameters—acceleration voltage (V_{acc}) and working distance (WD). The overlooked role of WD in characterizing graphene is highlighted and clearly demonstrated. A unified model of V_{acc} and WD dependence of three types of SE collected by the standard side-attached Everhart-Thornley (E-T) SE detector is conceptually developed for mechanistically understanding the improved mass thickness contrast for supported few-layer graphene. The findings reported here will have important implications for effective characterizations of atomically thick 2D materials and devices.

3.5 如何批判性地阅读文章的各个部分

➢ **题目和摘要**。题目给出了文章的主要信息了吗？摘要提供了完整的研究假设、实验设计、研究结果和讨论的足够信息了吗？

➢ **引言**。要研究什么问题？定义了关键术语吗？为什么研究这个问题？提出了哪些创新思想来解决存在的问题？作者希望获得什么样的答案？

➢ **方法**。实验方案合理吗？控制了哪些变量？有对照组吗？为什么没有？足够详细、能重复吗？遗漏了哪些细节吗？

➢ **结果**。证据充分吗？说服力强吗？图表清晰有效吗？统计处理合理吗？主要研究假设得到支持了吗？主要的研究发现说清楚了吗？用恰当的术语表述了吗？

➢ **讨论**。研究增加了我们对该领域的理解了吗？解答了哪些问题？引出新问题了吗？具体是什么问题？它的实际意义和理论意义分别是什么？针对这一研究结论接下来可以做些什么？

批判性阅读的注意事项

✓ 对重要的文章，应该精读。精读是字斟句酌地读。

✓ 精读，不仅要完全读懂，理解实验细节、理论、分析、结论，还应该联想到这些实验、理论和结论对自己的课题的影响和启发，能提出自己的观点。

✓ 保持批判性思维。不要"迷信"已发表的论文，哪怕是发表在非常知名的期刊上。时刻提醒自己：该论文逻辑是否严谨？数据是否可靠？实验证据是否支持结论？你是否能想出更好的实验？你是否可以在此论文的基础上提出新的重要问题？

(本页部分内容直接引自或改编自参考文献[3]。)

重要的事情说三遍

✓ 重要的文章，打印出来！打印出来！打印出来！
✓ 重要的文章，装订成册！装订成册！装订成册！
✓ 重要的文章，咀嚼！批注！反复咀嚼！反复阅读！
✓ 想一想为什么需要花很长时间细读重要的文章？
　　➢ 作者花了很长时间来构思和写就一篇好文章。
　　➢ 丰富的事实和缜密的论证需要花时间去消化理解。
　　➢ 学写作，积累短语、词汇需要时间。

3.6 批判性阅读文献能力强的标志

➢ 对重要文章的背景、方法、结果、不足等细节了如指掌，能对比分析
➢ 能主动问问题：看到这个题目后，如果让你来做这个课题，你会怎么做
➢ 能带着问题细读：探查作者有没有同你的想法一致，看看作者是用了什么方法来研究这个课题，你与作者的差距（或你更高明的地方）在哪里
➢ 能从整个领域的全局来权衡一篇文章的重要性

文献阅读的心理建设

➢ 文献阅读水平的提升是循序渐进的

➢ 每个人开始都会很吃力，所以你有这种感觉时不要气馁

➢ 坚持很重要，你的经验会更丰富，阅读会更快、更有效

➢ 现在还没有开始读文献？赶紧行动

➢ 一直不想阅读文献，看见就困？睡一觉，赶紧行动！找导师咨询一下

➢ 重度阅读写作恐惧症患者——找导师心理辅导了，还是不想阅读文献，不想写，怎么办？赶紧行动！今天跑步1 h，男生俯卧撑100个/女生仰卧起坐50个

第4章 开题报告提纲的构思方法
——"检读想写改慎"写作法之"想"篇

4.1 构思:"好好想+想好"是写好的基础

4.2 构思提纲的大原则

4.3 构思提纲:理思路、搭框架、画重点

4.4 再想,再细化提纲

4.1 构思:"好好想+想好"是写好的基础

➢ "好好想+想好"才能将所查、所读、所做,转化为开题报告各部分文字

硕士学位论文开题报告评议表

评价要素 (由评审小组填写)	评价意见(相应栏内画"√")				
	优秀	良好	中等	合格	不合格
选题的先进性、合理性 "想"选题:缩小研究范围,明确背景和研究的意义					
国内外研究现状文献综述及存在问题的分析情况 "想"问题:文献中问题,找入手点					
阐明研究目的及实际意义的明确程度 "想"意义:学术/应用价值,基础还是应用研究?					
研究方案、内容、路线及可行性论述的合理性 "想"方案:具体研究计划,解决问题方法					
目前已完成的研究工作与进度情况 "想"完成:已经完成的相关研究结果					
开题报告撰写的认真程度及规范性					
综合评定					

开题报告各部分的写作难度和重要性分析

- 第1部分 课题来源及研究的背景和意义 → 最难写的部分
- 第2部分 国内外在该方向的研究现状及分析 ⎫
- 第3部分 主要研究内容   ⎬ 开题报告的重点部分
- 第5部分 研究方案及进度安排，预期达到的目标和取得的研究成果 ⎭
- 第4部分 已完成的研究工作 → 老师提问最多的部分
- 第8部分 主要参考文献
- 第6、7部分 条件经费、困难和问题及解决措施

4.2 构思提纲的大原则

➢ 第1点：确定选题。理论性的科学问题或假说？实用性技术问题
  ✓ 例如文献中对参数的影响研究不全面或对条件的控制不精细，你想更全面、更精细地进行系统研究。

➢ 第2点：想该问题为什么重要？一定从<u>学术角度</u>而不是从你个人角度出发解读
  ✓ 问自己，不解决这个问题会对该领域造成什么损失？
  ✓ 问自己，该问题解决后的普适意义，有推广的价值吗？

➢ 第3点：有文献支持吗？需要文献综述来阐述第二点

➢ 第4点：研究内容和方案。怎么把大问题拆成一系列的小问题？如何逐个解决这些小问题

4.3 构思提纲：理思路、搭框架、画重点

➢ 课题来源及研究的背景和意义
  ✓ 能源危机→太阳能电池→提升效率→减反射层制备。
➢ 国内外在该方向的研究现状及分析
  ✓ 介绍太阳能电池结构和原理、减反射层作用原理。
➢ 文献综述（要全面、层层递进、重点突出）
  ✓ 要讲文献中的各种减反射层进展（重点是金字塔微结构）→重点是金字塔微结构的碱溶液蚀刻研究进展→NaOH和KOH蚀刻，重点是TMAH蚀刻研究！（确定关键性文献）。
  ✓ 文献批判性分析归纳前人的优点，重点是存在的问题！（结合上面的文献综述）。
➢ 主要研究内容
  ✓ 写三方面的研究计划，要能解决文献中的问题。
➢ 研究方案及进度安排，预期达到的目标和取得的研究成果
  ✓ 开展三方面研究的流程，完成后应该能解决上面的问题。
➢ 已经完成的工作
  ✓ 完成的实验或理论工作，初步证明研究计划可行且数据量足，说明自己没偷懒。

> 示例
> 开题报告题目：图形化（100）单晶硅在四甲基氢氧化铵溶液中的蚀刻行为研究

4.4 再想，再细化提纲

1 大背景：提升太阳能电池的效率
2 具体小方向：太阳能硅衬底的减反射蚀刻方法
  2.1 KOH蚀刻，四甲基氢氧化铵（TMAH）各向异性蚀刻
  2.2 TMAH蚀刻：其优点是可避免钾离子污染，降低粗糙度
3 TMAH蚀刻的问题和切入点（文献分析）
  3.1 高指数晶面的晶面演变规律以及蚀刻机理仍<u>不明确</u>
  3.2 <u>缺少</u>溶液浓度和蚀刻时间影响的系统研究
  3.3 SEM等传统表征手段<u>难以准确测定</u>表面微纳结构的尺寸
  3.4 以上问题，导致很难可控制备具有更低反射率的周期性陷光结构
4 计划和目标：
  4.1 体系：单晶硅太阳能用的<u>图形化（100）单晶硅衬底</u>
  4.2 做什么？
    4.2.1 材料变量：<u>圆孔和圆柱形</u>图形化硅衬底
    4.2.2 化学变量：TMAH溶液的<u>大范围质量分数、短蚀刻时间</u>
    4.2.3 表征方法：结合扫描电镜和<u>原子力显微镜</u>形貌表征
  4.3 目标：建立变量和结构的关系
    4.3.1 <u>揭示</u>表面微纳结构和晶面的形貌演变规律
    4.3.2 精确确定蚀刻过程中暴露晶面的晶面指数
    4.3.3 <u>建立</u>蚀刻速率和蚀刻动力学
    4.3.4 <u>探讨</u>各晶面蚀刻速率差异对表面形貌演变的影响
5 <u>意义</u>：为可控制备具有复杂微结构的低反射率硅衬底<u>提供理论指导</u>

> 现在，你已经"绘制"了一幅开题报告写作的"地图"。凭借它，你在展开写开题报告各部分的时候就不会"迷路"。
>
> 示例

第5章 写好开题报告各部分的方法和技巧
——"检读想写改慎"写作法之"写"篇

5.1 你应该知道的优秀科技论文的特点
5.2 如何快速高效地写出开题报告的第一稿
5.3 开题报告绪论部分的写作
5.4 "课题来源及研究的背景和意义"的写作
5.5 "国内外在该方向的研究现状及分析"的写作
5.6 你必须知道的开题报告目录和标题格式规范
5.7 "主要研究内容"的写作
5.8 为什么好好写完绪论你可以庆祝一下了
5.9 "研究方案"的写作
5.10 "预期达到的目标"及"进度安排"的写作
5.11 "已完成的研究工作"的写作
5.12 "主要参考文献"的写作
5.13 "为完成课题已具备和所需的条件及经费"的写作
5.14 "预计研究过程中可能遇到的困难和问题,以及解决的措施"的写作
5.15 开题报告的篇幅:我的建议

〔本书的重点内容〕

本章内容与开题报告各部分的关联性

5.4节对应第1部分"课题来源及研究的背景和意义"

5.5节对应第2部分"国内外在该方向的研究现状及分析"

5.7节对应第3部分"主要研究内容" → 最难写的部分

5.9节及5.10节对应第5部分"研究方案及进度安排,预期达到的目标和取得的研究成果"

5.11节对应第4部分"已完成的研究工作"

5.12节对应第8部分"主要参考文献"

5.13节及5.14节对应第6、7部分"条件和经费、困难和问题及拟解决措施"

〔开题报告的重点部分〕

〔老师提问最多的部分〕

5.1 你应该知道的优秀科技论文的特点

- 创新性或独创性（必要条件）
- 理论性或学术性（充分条件1）
- 科学性和准确性（充分条件2）
- 规范性和可读性（充分条件3）

（本节部分内容直接引自或改编自参考文献[1]。）

科技论文的定义、特点和分类

- **科技论文（定义1）**：对创造性的科学技术研究成果进行理论分析和总结的科技写作文体
- **科技论文（定义2）**：报道自然科学研究和技术开发创新性工作成果的论说文章；通过运用概念、判断、推理、证明或反驳等逻辑思维手段，来分析表达自然科学理论和技术开发研究成果
- **科技论文的特点**：创新性科学技术研究工作成果的科学论述，是某些理论性、实验性或观测性新知识的科学记录，是某些已知原理应用于实际中取得新进展、新成果的科学总结
- **科技论文按照发挥的作用分类**：学术性论文、技术性论文、学位论文

5.1.1 科技论文的创新性或独创性（必要条件）

➢ 创新性：报导的研究成果应是前人或他人所没有的。<u>要有新的观点、见解、结果和结论</u>

➢ 基本上重复他人的工作，尽管确实是作者自己"研究"所得的"成果"，但也不属于创新之列

➢ <u>一篇论文，创新程度可大可小，但必须有独到之处（独创性）</u>

- ✓ "首次提出"或"首次发现"，具有重大价值的研究成果。
- ✓ 在某一个问题上有新意，对某一点有发展，也是创新。
- ✓ 引进、消化、移植国内外已有的先进科学技术。
- ✓ 应用已有的理论解决本地区、本行业、本系统的实际问题。

科技论文与实验报告或工作总结的区别

➢ 区别关键在于<u>创新性</u>

➢ <u>实验报告或工作总结</u>，并不注重创新性
- ✓ 有详细的实验过程、操作和数据。
- ✓ 体现做的工作，怎么做的；优缺点，经验和体会。
- ✓ 重复别人的工作也可以写。

➢ <u>科技论文</u>：报导自己的研究成果，但要<u>形成新观点、新结论</u>
- ✓ 研究性文章很少包含与他人重复的内容及大量基础知识。
- ✓ 需要对原始资料有整理、有取舍、有提高。

5.1.2 科技论文的理论性（学术价值）

➢ **理论性**：科技论文应具有一定的学术价值

- ✓ 对实验、观察、计算、模拟等得到的结果，要从一定的<u>理论高度</u>进行分析和总结，形成一定的科学见解，包括提出并解决有科学价值的问题。
- ✓ 对自己提出的科学见解或问题，用事实、数据和理论进行符合逻辑的<u>论证与分析</u>或说明。<u>要将实践上升为理论</u>。
- ✓ 论文里用了几个公式并不代表理论性强。

优秀科技论文写作的挑战：结合创新性和理论性

➢ 如何让论文<u>既有创新性又有理论性</u>

- ✓ 前提：系统、深入地掌握基础理论和专门知识。
- ✓ 不能局限于仅仅说明、解决了某一实际问题，讲述了某一科技和方法。
- ✓ 要不断在认识上深化、在实践基础上科学抽象，从理论上总结与提高（即使对应用型研究也应该如此）。

研究生学位论文很注重创新性和学术价值

示例

	请按匿名评审意见填写优良一般差或 A、B、C、D、E			
	评价项目	评审结果	复审结果 （如有复审请填写）
论文评审情况	论文的创新性成果	优	良
	论文的学术价值及应用价值	优	优
	论文反映出作者的基础理论和专门知识水平	优	优
	论文写作	优	优
	论文总体评价	A	A

5.1.3 科技论文的科学性和准确性

➢ **科学性**：正确说明研究对象所具有的特殊矛盾，并且要尊重事实，尊重科学
  ✓ 包括论点正确，论据必要而充分，论证严密，推理符合逻辑，数据可靠、处理合理，计算精确，实验可重复，结论客观。

➢ **准确性**：对研究对象的运动规律和性质表述的接近程度
  ✓ 概念、定义、判断、分析和结论要准确。
  ✓ 实事求是地评价他人研究成果（尤其是在横向比较时）。
  ✓ 确切、恰当地估计自己的研究成果的水平。
  ✓ 切忌片面性和"说过头话"（极端，偏颇，夸大其词）。

5.1.4 科技论文的规范性和可读性

➢ 学术论文必须按一定格式写作，必须具有良好的可读性，便于交流、传播和存储

➢ 文字表达：**语言准确、简明、通顺，条理清楚，层次分明，论述严谨**
  ✓ 规范使用名词术语、数字、符号。
  ✓ 规范设计图表。
  ✓ 规范使用计量单位。
  ✓ 规范著录参考文献。

➢ 一篇论文失去了规范性和可读性，将大幅降低它的价值，<u>甚至会使人怀疑其研究成果的可靠性</u>

开题报告很注重对写作和规范的要求

硕士学位论文开题报告评议表 *示例*

学　号		姓名		导师签字	
院（系）		学科		开题时间	
论文题目				开题地点	

评　价　要　素 （由评审小组填写）	评价意见（相应栏内画"√"）				
	优秀	良好	中等	合格	不合格
选题的先进性、合理性				√	
国内外研究现状文献综述及存在问题的分析情况					√
阐明研究目的及实际意义的明确程度				√	
研究方案、内容、路线及可行性论述的合理性				√	
目前已完成的研究工作与进度情况				√	
开题报告撰写的认真程度及规范性	后面会专门讲规范问题				√
综　合　评　定				√?	√?

论文写作差是导致论文总体差评的导火索

示例

	请按匿名评审意见填写优良一般差或 A、B、C、D、E		
	评价项目	评审结果	复审结果（如有复审请填写）
论文评审情况	论文的创新性成果	良	一般
	论文的学术价值及应用价值	良	一般
	论文反映出作者的基础理论和专门知识水平	一般	良
	论文写作	一般	差
	论文总体评价	C	D

结局不妙哦

在写开题报告的过程中，要逐渐掌握和深化对下面 4 点的认识和理解，并经常实践和反思，才能无惧论文开题、答辩和评审：

➢ 创新性或独创性（必要条件）

➢ 理论性或学术性（充分条件1）

➢ 科学性和准确性（充分条件2）

➢ 规范性和可读性（充分条件3）

内容和写作俱佳的开题报告

硕士学位论文开题报告评议表

示例

学　号		姓名		导师签字			
院（系）		学科		开题时间			
论文题目				开题地点			
评　价　要　素 （由评审小组填写）			评价意见（相应栏内画"√"）				
			优秀	良好	中等	合格	不合格
选题的先进性、合理性			√				
国内外研究现状文献综述及存在问题的分析情况			√				
阐明研究目的及实际意义的明确程度			√				
研究方案、内容、路线及可行性论述的合理性				√			
目前已完成的研究工作与进度情况			√				
开题报告撰写的认真程度及规范性			√				
综　合　评　定			√				

（续上页）

示例

	请按匿名评审意见填写优良一般差或 A、B、C、D、E		
	评价项目	评审结果	复审结果 （如有复审请填写）
论文评审情况	论文的创新性成果	优	良
	论文的学术价值及应用价值	优	优
	论文反映出作者的基础理论和专门知识水平	优	优
	论文写作	优	优
	论文总体评价	A	A

5.2　如何快速高效地写出开题报告的第一稿

- 争取在最短时间内拿出第一稿。给自己设定时限（如每天1 000字，10天就能完成1万字）
- 把<u>细化的提纲</u>（4.4节）和核心参考文献打印出来放在手边，随时备查
- 先不追求每一句话的完美，不追求词语的华丽
- 但要注意前后句、前后段落间的逻辑关系
- 写作要集中大块时间并全力以赴，尽可能减少其他事情干扰
- 但注意劳逸结合：定时休息，每写1 h休息10 min
  - 用3 min，去卫生间，喝水，吃零食。
  - 再3 min，伸懒腰打哈欠，分泌泪水润湿眼球，张嘴扩张头颈部肌肉。
  - 再3 min，室内原地跑一会。
  - 最后1 min，慢走，思路集中到写作上来，回到桌前，继续战斗。

5.3　开题报告绪论部分的写作

（请打起精神来，"重头戏"要开始了）

5.1　优秀科技论文的特点（已完成）

5.2　如何快速高效地写出开题报告的第一稿（已完成）

5.3～5.8　开题报告绪论部分的写作

　　5.4　第1部分"课题来源及研究的背景和意义"

　　5.5　第2部分"国内外在该方向的研究现状及分析"

　　5.7　第3部分"主要研究内容"

5.9、5.10　第5部分"研究方案及进度安排，预期达到的目标和取得的研究成果"

5.11　第4部分"已完成的研究工作"

5.12　第8部分"主要参考文献"

5.13、5.14　第6、7部分"条件和经费、困难和问题及拟解决措施"

5.15　开题报告的篇幅：我的建议

最难写的部分！

重点阐述：范例中，绪论部分1万字（14页），正文共2万字（29页）

5.3.1 绪论部分的作用和应包括的内容

➢ 绪论：又称引言、前言
  ✓ 写绪论部分的目的：向<u>读者</u>交代本研究的<u>来龙去脉</u>，<u>唤起读者</u>的<u>注意</u>，使读者对论文先有一个<u>总体的了解</u>。
➢ 绪论中的内容
  ✓ 研究的理由、目的和背景。
    > 问题的提出，研究工作的背景。
    > 研究对象及其基本特征。
    > 前人对这一问题做了哪些工作，存在哪些不足。
    > 希望解决什么问题，解决该问题的作用和意义。
  ✓ 拟开展哪几方面的研究工作以解决该问题。

5.3.2 绪论部分写作的核心方法和大原则

➢ **核心方法：抓问题（问题意识）**。一定要解答<u>读者关心</u>的下述问题
  ✓ <u>具体问题</u>是什么？它重要吗？
  ✓ 对此问题的进展到了哪一步？各解决方案的优缺点如何？
  ✓ 你如何看待该<u>问题</u>？你的好点子是什么？为什么能解决？
  ✓ 你计划如何解决该问题？
➢ **两大原则：立意与谋篇**
  ✓ 立意：确立报告和论文的<u>主题</u>。
  ✓ 谋篇：安排好绪论的<u>结构</u>，选择好所用的<u>材料</u>，充分而有效地<u>表达论文的主题</u>。 [第4章的"想"篇已经讲授如何搭"架子"（结构）] [本章后面部分将详细讲授材料的选用问题]

什么是主题？好的主题的特点是什么？

➢ **主题**：作者总的意图或基本观点的体现，对论文的价值起主导和决定作用

➢ **好的主题的特点：新颖，深刻，典型，集中，鲜明**
- ✓ 新颖（创新性）：要研究和提出前人没有研究和解决的<u>问题</u>，或研究不透彻的<u>问题</u>（下面讲如何处理问题）。
  - › <u>广为查阅文献资料</u>，了解与本课题有关的前人的工作。
  - › 认真分析前人研究结果和你的前期结果，提出新的见解和观点
  - › 研究时应从新的角度去探索。
- ✓ 深刻：要抓问题的本质，揭示主要矛盾。
  - › 深入分析，不要简单地堆砌文献结果。
  - › 综合分析，合理提出能反映客观规律的见解。
  - › 通过研究预期能将实践知识上升为理论，得出有价值的结论。

（续上页）

➢ **好的主题的特点：新颖，深刻，典型，集中，鲜明**
- ✓ 典型：要使主题具有代表性或具有普遍意义。
  - › 避免就事论事，要从偶然的、个别的结果中总结出一般规律。
- ✓ 集中：一篇论文只有 1 个中心。
  - › 不能面面俱到，不应涉及与本文主题无关或关系不大的内容。
  - › 不能过多阐述，否则会使问题繁杂，语境不清，主题淡化。
- ✓ 鲜明：论文的中心思想地位突出。
  - › 要在论文的题名、摘要、引言、结论部分明确地点出主题。
  - › 在正文部分更要注意突出主题。

学校对开题报告绪论部分的写作要求

➢ 课题来源及研究的背景和意义（不少于500字）

➢ 国内外在该方向的研究现状及分析（注意对所引用国内外文献的准确标注，具体字数未规定）

➢ 国内外文献综述的简析（不少于500字）（综合评述国内外研究取得的成果，存在的不足或有待深入研究的问题）

➢ 主要研究内容（不少于1 000字）（切忌将论文目录直接作为研究内容，要突出本人研究内容）

5.4 "课题来源及研究的背景和意义"的写作

➢ 学校对本部分写作的内容要求
  ✓ 说明课题的来源。
  ✓ 阐述课题研究的背景和意义（不少于500字）。

➢ 为什么要写该部分？为什么不直接写文献综述？就为了一件事：

<u>让读者快速、准确地把握你的选题依据</u>

该部分也是开题报告评议的重要一项

硕士学位论文开题报告评议表   示例

学　号		姓名		导师签字		
院（系）		学科		开题时间		
论文题目				开题地点		
评 价 要 素 （由评审小组填写）	评价意见（相应栏内画"√"）					
	优秀	良好	中等	合格	不合格	
选题的先进性、合理性				√		
国内外研究现状文献综述及存在问题的分析情况					√	
阐明研究目的及实际意义的明确程度						
研究方案、内容、路线及可行性论述的合理性				√		
目前已完成的研究工作与进度情况				√		
开题报告撰写的认真程度及规范性					√	
综合评定			结局不妙哦	√?	√?	

5.4.1 "课题来源"部分的写作方法和示例

➢ "课题来源"部分。写一段，包括以下内容
  ✓ 导师申请的课题：写明课题名称和项目编号（导师结题需要），并简要介绍该课题的研究目标。
  ✓ 导师或学生自选课题：加以说明，同样简要介绍该课题的研究目标。

示例题目：图形化单晶硅在四甲基氢氧化铵溶液中的蚀刻行为研究

1　课题来源及研究的背景和意义　　示例

1.1　课题的来源

　　本课题来源于国家自然科学基金重点项目"***关键基础科学问题研究"（项目编号：5********）。课题的研究目的是开发***方法、研究***规律、建立***模型、揭示***机理、提升***性能。

5.4.2 "研究的背景和意义"的写作

➤ **本部分的写作战略**

- ✓ **明晰研究目标。**
  - › 明确研究达到什么目标、是否有价值、是否值得研究。
  - › 选题不好：只陈述了一个事实，前人已做了较详尽的研究。
- ✓ **聚焦研究范围。**
  - › 不大而全，研究体系要有代表性，提炼所发现的规律性认识。
  - › 选题过大，研究无法深入，只是蜻蜓点水；选题太小，研究琐碎而失去价值。
- ✓ **直面问题挑战。**
  - › 对前人的观点和结论要敢于怀疑和争鸣，但要有理有据。

（本页部分内容直接引自或改编自参考文献[4]。）

➤ **本部分的写作方法：起、承、转、合**

- ✓ 写作顺序：大背景（起）→具体研究方向背景介绍（承）→存在的问题和挑战（转）→研究计划及解决问题的学术或实用意义（合）。
- ✓ 注意事项
  - › 起、承、转、合，简练不拖沓，合理引用文献，不堆砌文献。
  - › 建议写3、4段，不超过2页。要让"外行"也能看明白！

> **本部分第 1 段的写作：写研究的背景**
> ✓ 写法：从宏观到微观；从大背景到你的研究领域。
> ✓ 注意不用铺垫过多，尽快转入你所研究的领域。注意前后句的衔接和逻辑关系（大包含小）。
> ✓ 最后一句应该落脚在你的研究体系上，可以引用综述和图书。

✓ 第 1 段的写作示例
> 开题报告题目：图形化（100）单晶硅在四甲基氢氧化铵溶液中的蚀刻行为研究。
> 注意用语句勾勒出逻辑关系。

1.2 课题研究的背景和意义　　　　　　　　　　　示例

  人类面临化石燃料日渐短缺并耗尽的严峻挑战，开发可持续的<u>新能源</u>迫在眉睫。<u>太阳能电池发电</u>，能量来源为"免费"且"绿色"的太阳光，相比风能发电、潮汐能发电、燃料电池发电等，具有适用性强、装置简单、易于分布式使用等突出特点，是目前包括中国在内的世界各国重点发展的一种新能源技术，其开发已经取得了巨大进步[1]。目前，商业化的<u>太阳能电池大部分仍然基于硅材料制成</u>，包括单晶硅太阳能电池、多晶硅能电池、多晶硅薄膜太阳能电池以及非晶硅薄膜太阳能电池[2]。<u>其中，单晶硅太阳能电池</u>虽然成本略高于多晶硅薄膜太阳能电池，但由于其光电转换效率高，仍然占据了全球太阳能电池市场的 1/3。

> **本部分第 2 段的写作：介绍你要做的具体研究方向的背景**
> - ✓ 承接上一段的落脚点，稍展开介绍，为下面阐述问题**铺垫和营造"氛围"**（都发展这些年了，居然还会有那么多问题）。
> - ✓ 不能过于细枝末节，但不能太浅显，以数字说话。同样注意前后句的衔接和逻辑关系。
> - ✓ 要引用读过的较新的国内外文献（国内的一定要有），说明你很熟悉该领域的现状。

- ✓ 第 2 段的写作示例
  > 注意逻辑关系和使用定量数据

  示例

  虽然单晶硅太阳能电池的制造技术经过了多年的发展已经比较成熟，但在提升电池转换效率、延长使用寿命及降低制造成本等诸多方面，仍然有持续提升的空间。太阳光 AM1.5 照射条件下，单晶硅太阳能电池的理论效率为 33%，目前非聚光式单节单晶硅太阳能电池的最高效率为 26.1%[3]。按粗略估计，光电转换效率每提高 1%，发电成本将降低约 7%。为了提升光电转换效率，应尽可能降低单晶硅衬底表面的光反射率：反射率越低，电池吸收的入射太阳光更多，效率也越高。未经处理的硅衬底表面光反射率高达 35%，工业上采用对硅衬底进行蚀刻处理在表面产生具有斜面微结构的方法——织构化或"绒化"处理，来增强表面"陷光"作用以降低反射率[4,5]。以（100）单晶硅衬底为例，经碱液中蚀刻的绒化处理后，硅衬底表面形成了大量斜面为（111）面的金字塔形微结构。绒面的陷光作用使入射光在绒面结构内多次反射和折射，提高了光进入下层硅衬底 PN 结被吸收的总吸收率，从而大幅降低了光的反射率并提升了光电转换效率[6-8]。

前两段引用的图书、综述和较新文献

8　主要参考文献　　　　　　　　　　　　　示例

[1] GREEN M A. Third generation photovoltaics: solar cells for 2020 and beyond[J]. Physica E, 2002, 14(1):65-70.
[2] 王文静. 晶体硅太阳电池制造技术[M]. 北京：机械工业出版社. 2014：17-31.
[3] 陈俊帆，赵生盛，高天. 高效单晶硅太阳电池的最新进展及发展趋势[J]. 材料导报，2019，33（1）：110-116.
[4] TANG Q T, SHEN H L, YAO H Y, et al. Potential of quasi-inverted pyramid with both efficient light trapping and sufficient wettability for ultrathin c-Si/Pedot:PSS hybrid solar cells[J]. Solar Energy Materials and Solar Cells, 2017, 169: 226-235.
[5] 何苗，陈建林，周厅. 陷光结构应用于太阳能电池的研究进展[J]. 材料导报，2018，32（5）：696-707.
[6] LU X D, LI Y K, LUN S X, et al. High efficiency light trapping scheme used for ultrathin c-Si solar cells[J]. Solar Energy Materials and Solar Cells, 2019, 196: 57-64.
[7] LOGET G, VACHER A, FABRE B, et al. Enhancing light trapping of macroporous silicon by alkaline etching: application for the fabrication of black Si nanospike arrays[J]. Materials Chemistry Frontiers, 2017, 1(9): 1881-1887.
[8] KOYNOV S, BRANDT M S, STUTZMANN M, et al. Black nonreflecting silicon surfaces for solar cells [J]. Applied Physics Letters, 2006, 88(20): 203107.

➢ **本部分第 3 段的写作：明确简要阐述存在的具体问题和挑战**

✓ 转折自上一段，高度浓缩和概括。

✓ 一定要明确地把技术问题点出来，不要畏缩。使用"但是"等转折词，同样要注意衔接和逻辑关系。

✓ 不要过于深入细节，但用词要准确。用几篇文献支撑，做到有根据。

➢ **本部分第 4 段的写作：简述研究计划及解决问题后的贡献和影响（意义的体现）**

✓ 合题，注意用好动词。

✓ "研究的背景和意义"第 3、4 段写作示例
> 注意逻辑关系和<u>转折词</u>及<u>动词</u>的使用

示例

  硅衬底在氢氧化钾（KOH）和四甲基氢氧化铵（TMAH）两种碱性溶液中的各向异性蚀刻行为的近期研究较多[9-11]。相比 KOH 溶液，使用 TMAH 溶液的优点是能避免钾离子的污染并降低硅衬底表面的粗糙度。尽管目前对 TMAH 溶液中低指数晶面的蚀刻行为的理解较深入[12,13]，但是关于硅衬底高指数晶面的晶面演变规律以及蚀刻机理仍不明确。其中一个问题是缺少对溶液浓度和蚀刻时间影响的系统研究，另一个问题是扫描电镜等传统表征手段难以便捷地测定表面微纳结构的三维尺寸[14, 15]。以上问题导致很难可控制备具有更低反射率的周期性陷光结构。

  本论文以单晶硅太阳能用的（100）单晶硅衬底为材料体系，通过系统调控 TMAH 的溶液质量分数和蚀刻时间，并密切结合扫描电镜（SEM）和原子力显微镜（AFM）形貌表征，对圆孔和圆柱形图形化硅衬底的蚀刻行为进行深入、系统的研究，揭示表面微纳结构和晶面的形貌演变规律，精确确定蚀刻过程中暴露晶面的晶面指数和蚀刻速率，并探讨各晶面蚀刻速率差异对表面形貌演变的影响。本论文的研究结果将为可控制备具有复杂微结构的低反射率硅衬底提供理论指导。

本部分回顾和总结

> 写作战略：明晰研究目标，聚焦研究范围，直面问题挑战

> "课题的来源"部分：写 1 段，写明课题名称和项目编号，简要介绍该课题的研究目标

> "研究的背景和意义"部分。写 4 段。<u>让"外行"相信值得做</u>
  ✓ 4段起承转合：第一段研究的大背景（起）→第二段具体研究方向背景介绍（承）→第三段存在的问题和挑战（转）→研究计划及解决问题的学术或实用意义（合）。
  ✓ 段和句层层递进：从宏观到微观，从大背景到具体问题；注意前后段、前后句的衔接和逻辑关系。
  ✓ 写作风格：简练不拖沓，高度浓缩和概括；定性和定量相结合；用词准确，易懂而不口语化。
  ✓ 文献引用：合理引用文献，不要堆砌文献，有根有据，引用读过的较新的国内外文献（国内的一定要有）。

5.5 "国内外在该方向的研究现状及分析"的写作

（注意：攻坚最难写的部分）

➢ **写作战略（下面逐步细讲）**
- ✓ **紧扣提纲**：参考细化提纲，遵循立意、主题和结构安排。
- ✓ **介绍背景**：介绍基本理论、概念术语、材料和工艺。搭台子让读者能理解随后更专业的内容。定位关键研究体系。
- ✓ **梳理文献**：四步法，一聚焦视角，二逼近目标视角述评重点文献，三"咬住"具体问题对比分析核心文献，四剖析文献揭示问题。问题意识要强。
- ✓ **总结和提炼问题**：总结文献梳理的结果和所聚焦问题的发展趋势；总结文献梳理中提炼出的问题，为研究指明方向。

➢ **三项注意**
- ✓ 注意文字和逻辑。层层递进写作，段落及各节间过渡自然、有逻辑性。每段围绕中心句论述，每节围绕主题分段论述。
- ✓ 注意规范写作标题，要有概括性，各级标题间有文字过渡。
- ✓ 注意规范绘制图表，图题、表题准确有概括性。

5.5.1 介绍背景和相关理论引入关键研究体系

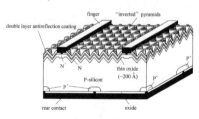

图 2-1 单结单晶硅太阳能电池结构 [16]

 示例

✓ 用示意图介绍单晶硅太阳能电池的结构，表面微结构降低光反射的原理。

✓ 引入图形化的表面微结构这一关键体系。

（a）SEM 形貌图

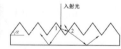
（b）减反射作用原理示意图

图 2-2 （100）单晶硅表面随机正金字塔形陷光结构的形貌图及其减反射作用原理示意图[2]

帮助读者快速了解研究背景和基本理论

2 国内外在该方向的研究现状及分析 〔示例〕

　　本节简要介绍晶体硅太阳能电池的结构及工作原理，分析表面陷光结构对入射光的减反射作用原理，对代表性图形化硅衬底的制备及其器件和电池性能的相关文献进行综述，论述（100）单晶硅衬底在各种碱性蚀刻液中蚀刻行为的研究进展，最后指出目前存在的问题与挑战。

　　示例中，有一段介绍了硅的半导体物理特性及其对太阳光谱的吸收性质。接着，介绍典型单晶硅太阳能电池的结构和工作原理。

　　注意：①每段、每节的论述均围绕一个中心展开，不要发散。②段落不宜过长，应适当分段，降低阅读难度。③标题写作规范。④要适当、适度引用文献，忌引用灌水文章以及非主流期刊文章和教材。

（续上页） 〔示例〕

　　常用的高效单结单晶硅太阳能电池结构如图 2-1①所示[16]。电池中从下向上依次为金属导电背电极、背面钝化层、背部 P 型局域扩散区、较厚 P 型硅基区层（简称为 P-基区，顶部蚀刻有倒金字塔形微结构）、N 型局域扩散区、较薄 N 型硅发射极层（简称为 N-发射区）、正面钝化层、减反射层（位于太阳光入射照射面）、金属导电栅电极。电池的主要制备工序为：清洗单晶硅片→蚀刻加工倒金字塔形微结构→硼和磷掺杂形成 PN 结→在 N 型发射层上表面制备减反射层→利用丝网印刷技术在上下表面制备栅电极和背电极。

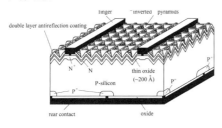

　　示例中会接着介绍电池的工作原理和效率（此处略去），最后，落脚在影响效率的因素上。这样就很自然地过渡到提升效率方法的论述部分。见下页的两节之间的过渡。

图 2-1　单结单晶硅太阳能电池结构 [16]

（续上页）

势差可以推动电子在闭合的外电路流动，即发电并做电功。太阳能电池的光电转换效率定义为单位时间内外电路中产生的电子数与单色光入射光子数的比值。太阳光 AM1.5 照射条件下，单晶硅太阳能电池的理论光电转换效率为33%。实际光电转换效率与光捕获效率、载流子（电子和空穴）注入量子效率以及载流子收集效率相关。如果后二者保持不变，光捕获效率越高，则光电转换效率越高。提升光捕获效率的一个重要方面是尽量增加入射光的吸收率并降低反射率。图 2-1 所示的减反射层就起到了降低入射光的光反射率的重要作用。目前优化后的非聚光式单节单晶硅太阳能电池的最高效率可达 26.1%[3]。

2.2　陷光结构的减反射作用原理

> 注意：层层递进写作，段落之间、各节之间过渡要自然有逻辑关系。

为了提升光电转换效率，应尽可能降低单晶硅衬底表面的光反射率：光反射率越低，电池吸收的入射太阳光更多，光电转换效率也越高。降低硅衬底表面光反射率的方法主要有增透膜减反射法和微结构减反射法两种。

（2）微结构减反射法　　在硅衬底表面制备具有减反射能力的凸起/凹陷的图形化微结构，制备工艺包括化学腐蚀[18]、机械刻槽[19]、干法蚀刻[20]等。(100) 单晶硅表面随机正金字塔形陷光结构的形貌图及其减反射作用原理示意图如图 2-2 所示。在常用的随机正金字塔形陷光结构中，正金字塔形凸起尖锐，大小不等的凸起无序交错，凸起底座尺寸为微米级。若一束入射太阳光从大气中沿衬底法线照射该衬底表面（迎光面），由于表面遍布尖锐的正金字塔形微结构，绝大部分入射光照射在凸起金字塔的斜面上如 1 号点位置，由于界面折射和表面反射作用，在 1 号点光线部分折射进入硅衬底内部，部分被反射并到达邻近斜面的 2 号点，在该点光线又有部分折射进入硅衬底内部、部分被反射至大气中[2]。因此，相比光滑的平衬底，有陷光结构的衬底对入射光产生了多次的折射、反射、再折射、再反射作用，实现了对入射光的更强吸收和更低反射；而具体的减反射性能则取决于减反射图形的形貌和尺寸[21]。

> 注意：每段的第一句应该是中心句，它提纲挈领，是该段论述的中心思想。最后一句是总结句，来概况和拓展。有中心句、首尾句，围绕中心句写段落的方法，读者读起来省心，作者写起来也不容易偏离主题。

(a) SEM 形貌图　　　(b) 减反射作用原理示意图

图 2-2　(100) 单晶硅表面随机正金字塔形陷光结构的形貌图及其减反射作用原理示意图[2]

5.5.2 文献梳理和文献综述写作的原则

- 梳理所选问题的<u>历史发展脉络</u>
  - ✓ 任何问题都有一个发展脉络,透彻了解这个问题的历史,才能全面把握对此问题研究的基本状况,预判未来发展方向。
  - ✓ 人贵在直,文贵在曲。论文的贵也在曲,而这种"曲"体现在对前人研究的系统追述、综述和深入分析上。
- <u>充分肯定前人的学术贡献</u>
  - ✓ 任何人的研究都是在前人的研究基础上进行的新探索。
  - ✓ 不尊重历史,我们会盲目自大,以为别人都没有达到自己的水平,最终也会低水平重复别人已经做过的研究。
  - ✓ 填补了所谓不是空白的"空白",浪费时间和资源。
- <u>发现前人研究中的问题,为自己的研究找到突破口</u>
  - ✓ 通过阅读、比较和分析前人的结果,从中发现问题、漏洞和新的生长点,自己的选题才有可能延续深化前人的研究、弥补前人研究的漏洞和不足、开拓研究前沿,也才<u>真正体现了论文选题的价值</u>。

(本页部分内容直接引自或改编自参考文献[4]。)

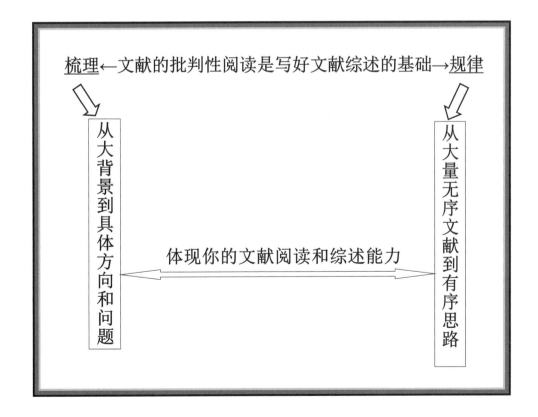

5.5.3　文献梳理和文献综述写作的方法

➢ **四步法**：一聚焦视角，二逼近目标视角述评重点文献，三"咬住"具体问题对比分析核心文献，四剖析文献揭示问题。问题意识强。

➢ **正确的文献梳理方法**：代表性文章，代表性作者，具体视角
  ✓ 选择有代表性的文献。这些论文代表了学术发展的基本状况和态势。
    ➢ 本领域本方向重要论文。在前期检索的论文中筛选。
    ➢ 本领域代表性作者的论文。有影响力、提供了不同视角的学者论文。
  ✓ 选择你的研究视角。结合具体问题梳理文献，把握文献、对比分析。

➢ **不正确的文献梳理方法**
  ✓ 罗列而非梳理。一口气把所有相关文献都罗列出来，篇幅过长，不深入。
  ✓ 凑数而不选择。观点关联度不高，实则为假文献。大量引用灌水文章。
  ✓ 张冠李戴不细查。不细读文献，不读原始文献乱引，作者、年代错误。
  ✓ 回避争议不自省。只引用对自己观点有利的论文。
  ✓ 克服文献梳理的另一个极端：仅在绪论部分梳理，在报告的其他部分根本不引用、不提及、不讨论文献。

（本页部分内容直接引自或改编自参考文献[4]。）

四步法第 1 步：聚焦视角

2.3　国内外文献综述　　示例开题报告，本部分近9页、近 5 000 字、7个图、1个表

依据上述原理可知，为了提升硅衬底对入射光的减反射能力，应该尽可能增加衬底表面微结构对入射光的折射和反射次数。因此处理（100）单晶硅衬底在表面形成具有高减反射能力的微结构，对提升单晶硅太阳能电池效率具有重要意义。

目前最常采用的陷光结构是金字塔形[22]，文献中也有硅纳米线阵列[23]、凹槽形[24]和棱台形[25]等图形化结构的报道。常用的蚀刻液是基于 NaOH、KOH 和 TMAH 等的碱性溶液[9-11, 26]。下面重点论述金字塔形图形化单晶硅衬底的制备及其电池性能研究进展，以及（100）硅衬底在各种碱性蚀刻液中的蚀刻研究进展，为后续分析目前存在的问题并提出相应的解决方案奠定基础。

2.3.1　金字塔形减反射图形化硅衬底的制备和太阳能电池应用

金字塔形微结构为单晶硅太阳能电池中最常用的绒面陷光结构，大量理论分析和实

　　（3）在 TMAH 溶液中的蚀刻行为研究　　与传统的 KOH 溶液相比，TMAH 溶液用于蚀刻时具有减少钾离子污染、蚀刻速率随蚀刻时间延长保持不变（可控性好）、蚀刻的

> **示例**
> 标题规范：标题层次不超过三级，第四级用项标题；可在二级标题下直接用项标题。标题有统领性、差异性。标题间要有文字过渡。

> 注意此处"项标题"的正确用法：题序前空4格，再空4格写内容（半角状态下输入）

四步法第 2 步：逼近目标视角述评重点文献

示例

(3) **在 TMAH 溶液中的蚀刻行为研究**　与传统的 KOH 溶液相比，TMAH 溶液用于蚀刻时具有减少钾离子污染、蚀刻速率随蚀刻时间延长保持不变（可控性好）、蚀刻的硅衬底表面粗糙度低等优点[10,11]，也比 NH_4OH 溶液的热稳定性稳定好，近年来得到了更多的关注，研究者开始研究单晶硅在 TMAH 溶液中的蚀刻行为。Smiljanić 等[14]研究了图形化硅衬底在质量分数为 25% 的 TMAH 溶液中的形貌和晶面演变，发现通过改变方形掩膜的对准方向和蚀刻时间可以调控图形的形貌和暴露的晶面。如图 2-9 所示，当方形掩膜与在[110]和[100]晶向对准时，随着蚀刻的进行形成了八棱台和十二棱台结构，而将方形掩膜与[610]高指数晶向对准时，则形成了四棱台和金字塔形微结构。此外，确定了不同微结构侧面高指数晶面的晶面指数为{211}、{311}、{301}、{401}和{611}等。该研究的贡献在于：提示掩膜对准方向对蚀刻形成的微结构形貌有很大影响，指出了一种通过改变掩膜对准方向来精细调控蚀刻微结构形貌的策略。但是该研究没有定量确定图形形貌演变与蚀刻时间关系，也没有确定各晶面的蚀刻速率。

引用文献中关键图片，注意图和图题的规范

示例

(a) 掩膜与[110]晶向对准

(b) 掩膜与[100]晶向对准

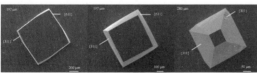
(c) 掩膜与[610]晶向对准

图 2-9　方形掩膜与不同晶向对准的 (100) 晶向图形化硅衬底在质量分数为 25% TMAH 溶液中的蚀刻图形的 SEM 形貌图[14]

注意：图和图题字号为 5 号，居中排版。

(1) 图的尺寸要合适，过大有凑篇幅的嫌疑，过小看不清。

(2) 引用的图片清晰度要好。

(3) 总图题要准确、有概括性（涵盖所有分图题）。分图题不能不写，也要准确。

(4) 图题中引用文献。

四步法第 3 步:"咬住"具体问题对比分析核心文献

示例

详细对比文献中[14, 36-40]报道的单晶硅在 TMAH 溶液中的蚀刻行为研究结果,见表 2-2。为了便于对比,将各文献中的实验变量和主要蚀刻行为研究结果进行了分类:材料特性(掺杂类型和单晶硅取向)、硅片尺寸及掩膜形状和尺寸、蚀刻液(TMAH)的质量分数、蚀刻温度、蚀刻时长、测到了蚀刻速率的晶面类型、晶面指数及蚀刻反应活化能、蚀刻速率表征方法等。从中可以发现,大部分研究者关注的是几个低指数晶面的蚀刻速率的测定,而不是晶面演变规律;Smiljanić 等[14]虽然研究了晶面演变规律,但所用溶液的质量分数和温度变化均很单一;缺少联用不同的分析测试方法来交叉检验晶面指数和蚀刻速率准确性的报道,如 Tabata 等[36]和 Steinsland[39]等均自认为其报道的(111)晶面蚀刻速率的测定误差大。

四步法第 4 步:剖析文献揭示问题
解剖麻雀式的综合对比分析表

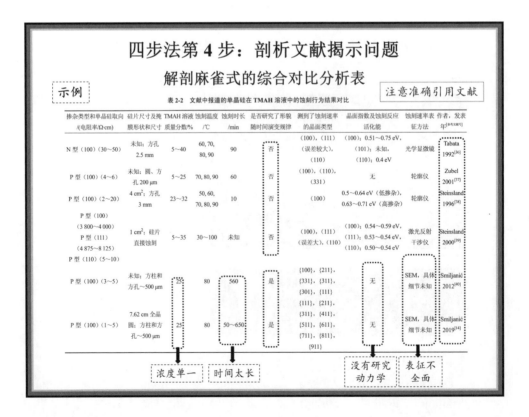

表 2-2 文献中报道的单晶硅在 TMAH 溶液中的蚀刻行为结果对比

5.5.4 "国内外文献综述简析"的写作

➢ 总结文献梳理的结果，聚焦发展趋势

> **2.4 国内外文献综述简析** 〔示例〕
>
> 在 2.3 节的文献综述中，分析了晶体硅表面陷光结构对入射光的减反射作用原理及其提升太阳能电池性能的机制，并对几种图形化陷光减反射硅衬底的制备及其电池性能的研究进行了较全面的综述，重点分析了（100）单晶硅衬底在 TMAH 等各种碱性蚀刻液中蚀刻行为的研究进展。现将文献中的主要发现和观点进行归纳总结，并重点指出目前存在的问题和挑战。
>
> （1）**主要发现和观点的归纳总结** 提升单晶硅太阳能电池光电转换效率的一个重要途径是增加对入射光的捕获能力，即尽量增加入射光的吸收率并降低光反射率。构筑表面织构化的减反射绒面层，是除了表面覆盖光增透膜法以外的很重要的降低光反射率

注意：学校要求2.4节不少于500字！不能写几句话应付了事！
（示例报告本部分1 100字，本页和下页为部分内容）

5.5.5 "目前存在的问题和挑战"的写作

➢ 总结文献梳理中提炼出的问题，为论文研究指明方向

〔示例〕

> （2）**存在的问题与挑战** 图形化硅衬底在 KOH 溶液中的蚀刻行为研究已较为系统，但使用 KOH 溶液后其表面残留钾离子，会对电池的性能造成不利影响。使用 TMAH 溶液可避免此问题，TMAH 溶液有希望在硅太阳能电池领域得到推广应用。但目前图形化硅衬底在 TMAH 溶液中蚀刻行为研究存在如下问题。
>
> ① 研究的系统性不够。未深入、系统地研究图形化硅衬底在 TMAH 溶液中的形貌演变规律，缺少暴露晶面指数的系统数据和各晶面蚀刻速率的定量数据。
>
> ② TMAH 溶液低质量分数的蚀刻数据缺乏。缺少 TMAH 溶液的质量分数和蚀刻时间对图形化硅衬底形貌演变和各晶面蚀刻速率影响的数据。目前文献中对圆孔或圆柱形图形化硅衬底的蚀刻行为研究，基本仅针对常用的 TMAH 质量分数为 25% 这一条件，缺少对低质量分数 TMAH 溶液中的晶面和形貌演变的研究。

甘老师有话说——解答你们对该部分写作的疑问

➢ **疑问1**："国内外研究现状"部分，学校的开题报告要求国内、国外两部分分成两节写，能够合为一个部分吗？

  ✓ 解答：对于国内和国外的研究方向和特色差异明显的领域和方向，应该分开写；但是，如果差异不明显（例如范例中偏基础的研究方向），可以合并混合论述，但注意不要完全漠视国内的进展和文献。

➢ **疑问2**：学校的开题报告内容清单中，"国内外文献综述简析"部分并没有要求单列"目前存在的问题和挑战"一项，为什么你拆分出"目前存在的问题和挑战"一项单独论述？

  ✓ 解答：单列增加"目前存在的问题和挑战"一项，便于你能更聚焦研究直接相关的问题并进行详细论述。既方便读者阅读，又直接为下面写作"研究内容"部分做好了铺垫和过渡。

写好本部分，是开题报告评议得高分的必备条件

硕士学位论文开题报告评议表 `示例`

学　号		姓名		导师签字		
院（系）		学科		开题时间		
论文题目				开题地点		
评　价　要　素 （由评审小组填写）	评价意见（相应栏内画"√"）					
	优秀	良好	中等	合格	不合格	
选题的先进性、合理性	√					
国内外研究现状文献综述及存在问题的分析情况	√					
阐明研究目的及实际意义的明确程度	√					
研究方案、内容、路线及可行性论述的合理性		√				
目前已完成的研究工作与进度情况	√					
开题报告撰写的认真程度及规范性	√					
综　合　评　定	√					

5.6 你必须知道的开题报告目录和标题格式规范

➢ 列入目录的标题层次不超过三级，第四级用项标题
➢ 标题要有统领性、差异性
➢ 读者能通过读目录了解你的思路和研究脉络
➢ 标题间要有概括性或介绍性文字过渡，下一级标题名不要直接接上一级标题名

层次代号及说明

层次名称	示　　例	说　　明
节	1 □□……□	题序顶格书写，阐述内容另起一段
条	1.1 □□……□	
款	1.1.1 □□……□	
项	（1）□□…□　　□……	题序空4个半角字符书写，内容空4个半角字符接排

（本表引自《哈尔滨工业大学研究生学位论文写作指南（理工类）》。）

以下为有问题的标题写法示例。错误在哪里？

1.2 超级电容器概述
1.2.1 超级电容器的特点
1、超级电容器的优势
　　（1）充放电迅速

> 不同级别标题间无过渡文字
> 三级标题下乱用"1、"这样的标题
> 项标题格式错误，改为：
> （1）充放电迅速　　超级电容器的……
> 示例

　　超级电容器的储能机理利用大电流进行双电层充放电（双电层电容）或者通过电极材料表面快速的氧化还原可逆反应充放电（法拉第赝电容）。整个充电过程需要很短时间就可以完成。
　　（2）很长的循环寿命
　　超级电容器电极结构受充放电影响很小，并且充放电循环次数可以达到几十万次以上，循环寿命明显优于其它普通电池。这是由于超级电容器的电极材料上发生的可逆的

5.7 "主要研究内容"的写作

5.1 优秀科技论文的特点（已完成）
5.2 如何快速高效地写出开题报告的第一稿（已完成）
5.3～5.8 开题报告绪论部分的写作
　5.4 第1部分"课题来源及研究的背景和意义"（已完成）
　5.5 第2部分"国内外在该方向的研究现状及分析"（已完成）
　5.7 第3部分"主要研究内容"
5.8～5.10 第5部分"研究方案及进度安排，预期达到的目标和
　　　　　取得的研究成果"
5.11 第4部分"已完成的研究工作"
5.12 第8部分"主要参考文献"
5.13、5.14 第6、7部分"条件和经费、困难和问题及拟解决措施"
5.15 开题报告的篇幅：我的建议

"主要研究内容"的写作方法

➢ **对标问题，精准施策。** 依据细化的提纲，针对上一部分提炼出的问题，结合现有的软硬件基础，提出详细的研究计划（<u>学校规定：本部分内容不少于1 000字</u>）

➢ **问题分解，逐个解决。** 把要解决的问题拆分成一系列小问题加以攻克，然后逐个阐述如何解决，具体到选用的体系、控制的变量、特殊的测试表征方法、理论模拟手段、预期的小目标

➢ **确定顺序，合理可行。** 分析确定各具体研究的优先顺序，说明研究设计的合理性、可行性（科学原理上可行、有软硬件基础支撑、有前期结果证据支持）

➢ **动词引导，面向未来。** 用动词引导研究计划的句子，如"进行""开展""测试""确定""建立""分析"等。因为是待开展的研究，还没有完成，<u>不要用"建立了"等"××了"的完成状态表述</u>

回顾已经完成的细化提纲

示例

1 <u>大背景</u>：提升太阳能电池的效率
2 <u>具体小方向</u>：太阳能硅衬底的减反射蚀刻方法
  2.1 **KOH**蚀刻，四甲基氢氧化铵（**TMAH**）各向异性蚀刻
  2.2 **TMAH**的优点：避免钾离子的污染，降低表面粗糙度
3 TMAH蚀刻的问题和切入点（文献分析）
  3.1 高指数晶面的晶面演变规律以及蚀刻机理仍<u>不明确</u>
  3.2 <u>缺少</u>溶液浓度和蚀刻时间影响的系统研究
  3.3 SEM等传统表征手段<u>难以</u>准确测定表面微纳结构的尺寸
  3.4 以上问题，导致很难可控制备具有更低反射率的周期性陷光结构
4 <u>计划和目标</u>： ← 按照这幅"地图"的指引，你现在已经到了这里。
  4.1 <u>体系</u>：单晶硅太阳能用的<u>图形化(100)单晶硅衬底</u>
  4.2 做什么？
    4.2.1 材料变量：<u>圆孔和圆柱形图形化硅衬底</u>
    4.2.2 化学变量：**TMAH**溶液的<u>大范围</u>质量分数、<u>短</u>蚀刻时间
    4.2.3 表征方法：结合扫描电镜和<u>原子力显微镜</u>形貌表征
  4.3 目标：建立变量和结构的关系
    4.3.1 <u>揭示</u>表面微纳结构和晶面的形貌演变规律
    4.3.2 精确确定蚀刻过程中暴露晶面的晶面指数
    4.3.3 <u>建立</u>蚀刻速率和蚀刻动力学
    4.3.4 <u>探讨</u>各晶面蚀刻速率差异对表面形貌演变的影响
5 <u>意义</u>：为可控制备具有复杂微结构的低反射率硅衬底<u>提供理论指导</u>

"主要研究内容"的写作

示例报告的本部分为1 050字，大于1 000字。

示例

3 主要研究内容

建议直接用所示的第四级项标题（1）（2）等，不用3.1、3.2等二级标题。项标题不出现在目录上。注意动词的使用。

    针对上述问题，将系统研究具有最简单图形结构（圆孔和圆柱形）的周期性图形化（100）单晶硅衬底在 TMAH 溶液中蚀刻的<u>蚀刻行为</u>，为以后制备具有低反射率高光电转换效率的单晶硅太阳能电池提供重要基础数据和理论参考。
    （1）**圆孔图形化硅衬底的形貌和暴露晶面的蚀刻演变规律研究**　　系统研究具有微米级圆孔形结构的周期性图形化硅衬底在 TMAH 溶液中的图形形貌和暴露晶面的演变规律。<u>建立</u>图形形貌和暴露晶面的演变规律是蚀刻行为研究的基础，也将为后面的蚀刻动力学研究提供准确的晶面信息和形貌变化的定性依据。在硅衬底上制备具有周期排列的圆孔形 SiO_2 掩膜，通过改变 TMAH 溶液质量分数和蚀刻时间，综合运用 SEM 和 AFM 表征技术，准确测定图形的几何尺寸，定量确定晶面的晶面指数，详细<u>分析</u>并<u>揭示</u>圆孔形图形化硅衬底的图表面形貌和暴露晶面的演变规律。在不同蚀刻条件下，<u>测定</u>图形结构侧壁上暴露的一系列晶面与（100）晶面的夹角，<u>确定</u>这些面是否为具有特定晶面指数的晶面。<u>确定</u>是晶面后，通过详细分析衬底上图形结构的几何尺寸，准确确定暴露晶面的晶面指数。

5.8 为什么好好写完绪论你可以庆祝一下了

➢ 如果你一步步写完了绪论，那么，恭喜你：
- ✓ 已经完成了开题报告约一半的内容，还是最难写的部分。拍拍你的肩膀！
- ✓ 可能已经走到了研究小方向的前沿，可能到达了人类已知与未知知识的边界。外面漆黑一片，而照亮你前路的就是你的智慧发出的微光，你能开始探险了！
- ✓ 你发现自己还是挺厉害的，可以去憧憬：是不是自己也能发表文章去推进这个边界呢？你还怀疑自己没有信心？好吧，<u>让我举例告诉你完全可以做到</u>！

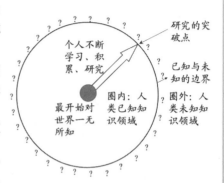

写好开题报告的绪论，助力发表文章

➢ 文章的绪论部分是开题报告绪论的高度"浓缩"
- ✓ 没有"原汁"，何来"浓缩"呢？是不是？

➢ 写好了开题报告的绪论部分，为以后写发表的期刊或会议文章，奠定了坚实的"物质和精神基础"。你也可以发表文章的
- ✓ "你再跳几跳，就能摘到桃子了！"

你可以发表文章的！对比开题与文章的绪论部分

➢ 基于范例开题报告和硕士学位论文内容发表在 *Applied Surface Science* 上的文章

Full length article

Morphological and crystallographic evolution of patterned silicon substrate etched in TMAH solutions

Jian Shen[a,b], Yuandong Chen[a,b], Feihu Zhang[c], Dan Zhang[a,b,*], Yang Gan[a,b,*]

[a] School of Chemistry and Chemical Engineering, Harbin Institute of Technology, Harbin 150001, China
[b] MIIT Key Laboratory of Critical Materials Technology for New Energy Conversion and Storage, School of Chemistry and Chemical Engineering, Harbin Institute of Technology, Harbin 150001, China
[c] Manufacturing Engineering for Aviation and Aerospace, School of Mechatronics Engineering, Harbin Institute of Technology, Harbin 150001, China

---

文章 Introduction

第 1 段：从背景介绍到小方向

1. Introduction

Anisotropic wet etching of Si substrate, as a crucial MEMS processing technique [1], has been extensively used for the solar cell, light emitting diode (LED), and sensor devices by preparing various patterns on Si substrate [2–4]. For instance, patterned silicon substrate (PSiS) with random or periodical micro/nano structures has been fabricated and extensively used in solar cells to achieve higher cell efficiency [5]. The size and morphology of the patterns significantly affect the reflectivity of the silicon substrate surface and the cell efficiency of solar cell [6,7]. For achieving enhanced performance of Si-based optoelectronic device, the sophisticated 3D microstructures of Si are sometimes desired.

第 2 段：具体方向文献的梳理和综述，聚焦目标

> Intensive studies have focused on the wet etching behavior of Si microstructures etched in alkaline etchants. The anisotropic etching effects of KOH and TMAH etchants with varying etching concentration and temperature on wet etching behavior of Si <u>have been studied</u> [8–12]. It has been reported that KOH etchant favors higher etching rate of (100) Si substrate and lower etching rate of exposed (111) plane than TMAH etchant within the concentration range of 5–25 wt% and temperature range of 60–80 °C; however, the relatively lower etching rate of undercut (111) plane in KOH etchant results in rather rough surface [13]. Moreover, KOH etchant introduces undesirable K^+ ion contamination in etched Si microstructures, thus resulting in the degraded performance of integrated circuit devices [14]. In contrast, TMAH etchant avoids the introduction of annoying K^+ ion contamination, and exhibits lower etching rates for (100) plane of Si substrate, as well as facilitates higher etching rate and smoother surface for undercut (111) plane than KOH etchant with same concentration and temperature [11,13]. The etching rate of crystallographic planes exhibits strong dependence on the concentration and temperature of etchant. Etching-rate peaks appear in the 25 wt% KOH and 20 wt% TMAH water solutions for (100), (110), (221), (320), and (111) Si planes [11], in addition, higher etching temperature for both KOH and TMAH water solutions favors larger etching rate of (100) and (111) planes [13].

示例

第 3 段：提炼出问题和不足

> Because wet etching enables sophisticated crystallographic specific etching of Si substrate, <u>efforts have been devoted to study</u> the crystallographic evolution behavior. Various crystallographic planes like (100), (110), (111), (210), (211), (221), (311), and (320) planes etched in TMAH solutions have been reported [12,15–18]. For instance, using millimeter-sized hemispherical single-crystal silicon model and 3D profile measurement, Kazuo et al. revealed the Miller index and etching rate of various exposed crystallographic planes etched in 10–25 wt% TMAH water solutions [12]. Moreover, various crystallographic planes showing constant slant angles appeared on the sophisticated Si microstructure models such as octahedral frustums, pyramidal frustums, and pyramids [19–21]. The crystallographic evolution behavior of micronsized truncated pyramid with convex corner on (100) Si substrate in 25 wt% TMAH water solution has been revealed [18]. <u>Nevertheless,</u> previous studies mainly focused on the Si etching in TMAH solutions with high TMAH concentration ranging from 10 wt% to 25 wt% [12,22–24]. <u>To our best knowledge,</u> the crystallographic evolution of high Miller index planes on Si microstructure in the etchants with low TMAH concentration has not been clearly revealed. <u>Therefore, much room is left for systematic studies</u> regarding the time and concentration-dependent wet etching behavior of Si microstructures in etchants with varying TMAH concentration for revealing crystallographic and morphological evolution behavior, as well as wet etching mechanism.

示例

第4段：针对问题，提出研究计划

> 所以，开题报告的绪论部分与发表的期刊文章的Introduction部分高度相似，写好开题报告为写好待发表的文章奠定了坚实的基础

示例

  In this work, the crystallographic and morphological evolutions of (100) Si substrate with circular aperture SiO_2 mask etched in varying TMAH concentration (1–25 wt%) were systematically investigated using SEM and AFM. A series of exposed high and low Miller index crystallographic planes were indexed. The etching rates of exposed crystallographic planes were accurately determined. The relationship between the etching rates of crystallographic planes and morphological evolution behavior was established.

回顾：好的绪论对读者的重要作用

> 写好了绪论部分：你向<u>读者</u>交代了研究的<u>来龙去脉</u>，<u>唤起了读者</u>的<u>注意</u>，使<u>读者</u>对报告有了<u>总体的了解</u>
> **通过梳理文献，紧抓问题**，解答了<u>读者关心的问题</u>
>   - ✓ Get了（获得了）你要研究的<u>具体问题（问题意识强）</u>，而且知道它很重要！（课题来源、背景、意义部分）。
>   - ✓ 吸收了一些理解该专业<u>问题</u>的必备知识，读者阅读会更容易！
>   - ✓ 了解了此<u>问题</u>的研究进展和各方优劣（国内外研究进展部分）。
>   - ✓ 欣赏了你对该<u>问题</u>的独特阐述和看法（文献综述简析部分）。
>   - ✓ 理解了你解决该<u>问题</u>的研究计划（研究内容部分）。
>   - ✓ 你是一个诚实的人。自己写的，不是抄袭！<u>以后丝毫不惧查重</u>！
>   - ✓ 能评价你是不是一个认真、努力、逻辑思维清晰的人。

5.9 "研究方案"的写作

5.1 优秀科技论文的特点（已完成）
5.2 如何快速高效地写出开题报告的第一稿（已完成）
5.3～5.8 开题报告绪论部分的写作
    5.4 第1部分"课题来源及研究的背景和意义"（已完成）
    5.5 第2部分"国内外在该方向的研究现状及分析"（已完成）
    5.7 第3部分"主要研究内容"（已完成）
5.9～5.10 第5部分"研究方案及进度安排，预期达到的目标和取得的研究成果"
    5.9 "研究方案"
    5.10 "预期达到的目标、进度安排"
5.11 第4部分"已完成的研究工作"
5.12 第8部分"主要参考文献"
5.13、5.14 第6、7部分"条件和经费、困难和问题及拟解决措施"
5.15 开题报告的篇幅：我的建议

> 建议写完研究内容马上完成第5部分，两部分联系密切！

> 相对好写的部分，你熟悉的内容。要求不少于500字，示例报告本部分1 800字。

"研究方案"的写作方法

> 研究内容是"做什么"，**研究方案是细化阐述"怎么做"**。对应几项研究内容，阐述合理可行的安排和步骤

    ✓ 采用从最终目标向后溯源的方法，确定研究顺序，先一再二再三。

    ✓ 梳理出要完成的单个步骤，包括实验、建模、仿真、理论分析的步骤，说明具体的实验体系、变量控制、测试表征方法、理论方法、模拟软件、仿真环境。

    ✓ 每一步均应该**合理可行**，有依据、有先例。根据研究方案，画出流程图。

开题报告评议很重视研究方案是否合理可行

示例

硕士学位论文开题报告评议表

学　号		姓名		导师签字		
院（系）		学科		开题时间		
论文题目				开题地点		
评　价　要　素 （由评审小组填写）	评价意见（相应栏内画"√"）				
	优秀	良好	中等	合格	不合格
选题的先进性、合理性	√				
国内外研究现状文献综述及存在问题的分析情况	√				
阐明研究目的及实际意义的明确程度	√				
研究方案、内容、路线及可行性论述的合理性		√			
目前已完成的研究工作与进度情况	√				
开题报告撰写的认真程度及规范性	√				
综　合　评　定	√				

"研究方案"的写作

示例

5.1　研究方案

（1）单晶硅衬底的预处理和表面周期性掩膜的制备　　所用的单晶硅为 P 型（100），电阻率为 1～10 Ω·cm。单晶硅衬底的清洗采用改进的 RCA 清洗法[55]，所用容器的材质为聚四氟乙烯。具体的清洗流程安排如下：将样品置于丙酮中浸泡 6 h，去离子水冲洗，氮气吹干；将 Deconex 清洗剂与无水乙醇和去离子水以体积比为 1∶10∶89 的比例混合，超声清洗 30 min 后，去离子水冲洗，氮气吹干；将硅片置于沸腾去离子水中，加热煮沸 30 min，冷却后氮气吹干；将硅片置于聚四氟乙烯花篮中，向其中加入体积比为 3∶1 的浓硫酸和过氧化氢混合溶液，升温至 80 ℃后浸泡 30 min，去离子水冲洗，氮气吹干；将清洗干净的样品置于洁净的聚四氟乙烯样品盒中储存备用。

（2）圆孔和圆柱形的周期图形化 SiO_2 掩膜的制作　　采用标准光刻工艺联合 BOE

复杂的实验方法和工艺，画框图或流程图

➢ 实验方法详细，示意图或流程图要清晰易懂

硅片上图形化 SiO_2 掩膜的制备流程图如图 5-1 所示。首先，利用等离子体增强化学气相沉积（PECVD）工艺方法在硅衬底表面沉积一层 SiO_2 薄膜，将光刻胶旋涂于 SiO_2 薄膜上，将圆孔形掩膜板（圆孔直径为 5.0 μm、周期为 13.1 μm）与硅片参考边对准，进行紫外曝光及显影处理，完成图形化光刻胶掩膜的制备。然后，将衬底置于 BOE 溶液中蚀刻暴露出的 SiO_2 薄膜（光刻胶覆盖的 SiO_2 仅会被轻微侧蚀），置于丙酮中超声 20 min 去除残余的光刻胶，即得到表面覆盖有图形化 SiO_2 掩膜的硅衬底。

示例

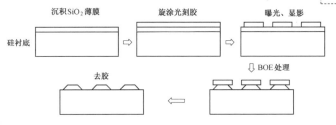

图 5-1 硅片上图形化 SiO_2 掩膜的制备流程图

"研究方案"总流程图的绘制方法

➢ 作用：让读者能快速了解研究方案和设计思路

- ✓ 建立先后关系、变量间关系、反馈关系。
- ✓ 流程图包含研究体系、参数和控制变量、分析测试方法、研究目标。
- ✓ 流程图中，文字要精炼，字体字号统一，尽量美观。
- ✓ 绘制不认真、与研究方案不对应，会让读者怀疑你的能力。

示例

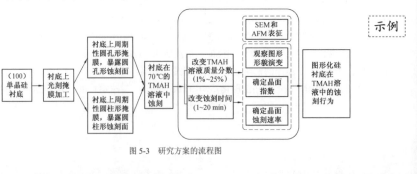

图 5-3 研究方案的流程图

"研究方案"部分写作的注意事项

➢ **尽可能具体详细**：实验、测试、模拟、建模、计算方法和过程要详细

➢ **复杂工艺方法流程的处理**：必要时可用示意图、框图或照片等配合阐述

➢ **引用他人方法的处理**：需注明出处，简要介绍。改进前人的方法，要交代改进之处。如果是自己提出的，应详细说明，阐明可行性和合理性

➢ **不要抄袭**：本部分是以后写硕士论文第 2 章"实验材料和方法"的基础，是硕士论文查重被发现抄袭的重灾区。做到自己深入理解后简述，不要靠大段抄袭凑字数

5.10 "预期达到的目标"及"进度安排"的写作

➢ 预期目标：简要阐述你的研究结果的可能贡献，包括基础或应用上的小推进、中拓展、大突破

  ✓ 提出了新原理、开发了新方法（理论或实验）、开发出新工艺、展示了新应用、揭示了新机制、启发了新思路等。

  ✓ 突出新颖和独特之处，但不要吹牛、夸大其词。

➢ 研究成果：论文、专利、报告、软件、设计等

5.3 预期达到的目标和取得的研究成果　　　示例

（1）预期达到的目标　　揭示圆孔和圆柱图形化（100）单晶硅衬底在 70 ℃ TMAH 溶液中蚀刻时的形貌和晶面演变规律。

（2）预期取得的研究成果　　投稿或发表 1 篇 SCI 论文，申请 1 项国家发明专利。

➢ 进度安排：把研究内容分解，合理安排所需的时间和先后顺序；以3～6个月为间隔，顺序写作
  ✓ 包括文献调研、熟悉研究工具的时间。
  ✓ 遵循先易后难的原则，先摸索尝试后系统研究，先单变量再多变量。
  ✓ 考虑线性或并行安排，考虑先实验后机理分析或同时模拟仿真等。
  ✓ 留出富余量（如1.2倍时间），留出中期检查、论文写作、答辩时间。

"进度安排"的写作

5.2 进度安排 示例

（1）**第一阶段**　2017年9月～2018年3月，阅读国内外的有关文献，掌握单晶硅太阳能电池及硅湿法蚀刻的基础理论知识和研究技术；设计并制作湿法蚀刻装置；熟悉SEM及AFM的使用。

（2）**第二阶段**　2018年4月～2018年11月，联系外部合作单位，采用标准光刻掩膜制作工艺在衬底上制备圆孔和圆柱形的周期图形化SiO_2掩膜；摸索BOE选择性去除SiO_2掩膜的实验条件；系统改变蚀刻液的质量分数和蚀刻时间，研究圆孔形和圆柱形两种形状图形化衬底的图形形貌和晶面演变。

（3）**第三阶段**　2018年12月～2019年3月，确定不同蚀刻条件下的晶面蚀刻速率；分析确定晶面蚀刻动力学与图形形貌演变的关系。

（4）**第四阶段**　2019年4月～2019年6月，分析总结，得出规律性结论；撰写供投稿或发表的SCI论文，撰写发明专利申请书；撰写学位论文，准备答辩。

5.11 "已完成的研究工作"的写作

5.11.1 本部分的重要性

5.11.2 摆事实讲道理的写作策略

5.11.3 摆事实所用材料

5.11.4 材料要真实准确、典型而新颖、充分而必要

5.11.5 图表绘制和呈现的方法与技巧

5.11.6 "以理服人"的论证说理方法

5.11.7 良好的逻辑思维能力的重要性

5.11.8 做好小结：提炼和升华

5.11.1 本部分的重要性

5.1 优秀科技论文的特点（已完成）

5.2 如何快速高效地写出开题报告的第一稿（已完成）

5.3～5.8 开题报告绪论部分的写作

 5.4 第1部分"课题来源及研究的背景和意义"（已完成）

 5.5 第2部分"国内外在该方向的研究现状及分析"（已完成）

 5.7 第3部分"主要研究内容"（已完成）

5.9～5.10 第5部分"研究方案及进度安排，预期达到的目标和取得的研究成果"

 5.9 "研究方案"

 5.10 "预期达到的目标、进度安排"

5.11 第4部分"已完成的研究工作" ⟶ 老师提问最多的部分，是拉开评价打分的主要部分。

5.12 第8部分"主要参考文献"   建议最少2 000字。第2篇示例开题报告中，本部分约6 800字。

5.13、5.14 第6、7部分"条件和经费、困难和问题及拟解决措施"

本部分是开题评议的重点

➢ 学校要求**详细撰写**目前**已进行的研究工作内容**和**完成情况**
  ✓ 开题报告的重要内容:展示你的工作进展和定量或定性分析能力。
  ✓ 表明你在认真努力地开展论文的研究工作。

硕士学位论文开题报告评议表

学 号		姓名		导师签字			
院(系)		学科		开题时间			
论文题目				开题地点			
评 价 要 素 (由评审小组填写)		评价意见(相应栏内画"√")					
		优秀	良好	中等	合格	不合格
选题的先进性、合理性					√	
国内外研究现状文献综述及存在问题的分析情况						√
阐明研究目的及实际意义的明确程度					√	
研究方案、内容、路线及可行性论述的合理性					√	
目前已完成的研究工作与进度情况					√	
开题报告撰写的认真程度及规范性						√
综 合 评 定					√?	√?

示例

本部分写的不好,评议结果不会很好。

本部分要能具体体现你的工作进展

➢ 依照细化的大纲和研究计划,完整写出已经完成的研究工作,内容丰富,表明你入学一年来进展良好

➢ 字数:建议最少2 000字(示例开题报告,近7 000字,约10页,8个图+1个表)

  ✓ 虽然学校对本部分内容居然没有具体字数要求,但学校对报告全文和其他部分有最低字数要求:报告正文5 000字,目的意义500字,国内外文献综述的简析500字,研究内容1 000字,研究方案500字。

  ✓ 假如国内外研究现状写1 000字,你会认为本部分最少500字就行了。但500字太少了,你可能会因为看上去工作不努力而被狠批,开题评议结果会很不好!

本部分需要依照大纲和研究计划，有条理地完整呈现已完成的研究工作

目录（示例）

4 已完成的研究内容
 4.1 圆孔形图形化 SiO₂ 掩膜的制备与表征
 4.2 圆孔硅衬底在质量分数为 1%的 TMAH 溶液中蚀刻的形貌演变
 4.3 图形结构侧壁暴露晶面的晶面指数的确定
 4.4 TMAH 溶液质量分数对（100）晶面蚀刻速率的影响
 4.5 小结

正文

4 已完成的研究内容

制备了表面覆盖圆孔形图形化 SiO₂ 掩膜的硅衬底，并将其置于质量分数为 1% 的 TMAH 溶液中进行不同时间的蚀刻处理；用 SEM 及 AFM 准确测定了硅衬底上各种图形结构的几何参数；确定了暴露晶面的晶面指数；确定了不同质量分数 TMAH 溶液中各晶面的蚀刻速率，为进一步揭示蚀刻速率决定图形形貌演变的规律奠定了基础。

4.1 圆孔形图形化 SiO₂ 掩膜的制备与表征

利用标准光刻工艺，在硅衬底上制备了标称直径为 5.0 μm、周期为 13.1 μm（掩膜板的尺寸）的圆孔形图形化 SiO₂ 掩膜。如图 4-1 所示，发现制备的 SiO₂ 掩膜圆孔规整，孔

5.11.2 摆好事实、讲明道理的写作策略

➢ 摆好事实、讲明道理，才能形成正确的观点，得到正确的结论

➢ 形成正确观点、得到正确的结论，源自对反映研究对象特征的研究结果（自己的及他人的）的分析、归纳、概括和总结

 ✓ **摆好事实**的重要性：用有科学性的事实来说明观点。如果用虚假的、不真实的、不准确的、主观臆造的不可靠数据，再论证也没用。

 ✓ **讲明道理**的重要性：要用严密的论证来以理服人，否则会强词夺理、词不达意、逻辑混乱，得不出正确有价值的结论，也说服不了读者。

（本页部分内容直接引自或改编自参考文献[1]。）

5.11.3 摆事实所用材料

➤ 你手里应该备齐如下 3 种材料（材料是指事实、数据和观点等，不是实验材料）

- ✓ 直接材料：亲自通过科学研究得到的材料。
- ✓ 间接材料：从文献中得到的或由他人提供的材料。
- ✓ 发展材料：对直接和间接材料加以整理、分析、研究而形成的材料。

(本页部分内容直接引自或改编自参考文献[1]。)

直接材料→发展材料（供分析对比）

直接材料：不同蚀刻时间的蚀刻坑形貌和深度的原始测试结果。

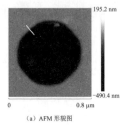
(a) AFM 形貌图

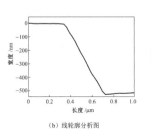
(b) 线轮廓分析图

示例

图 4-6　圆孔形图形化硅衬底在质量分数为 1% 的 TMAH 溶液中蚀刻 1 min 的 AFM 形貌图和线轮廓分析图

初级发展材料：蚀刻坑深度随蚀刻时间的变化关系。

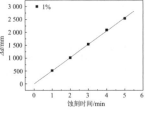

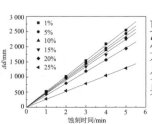

更多初级发展材料：不同质量分数的结果。

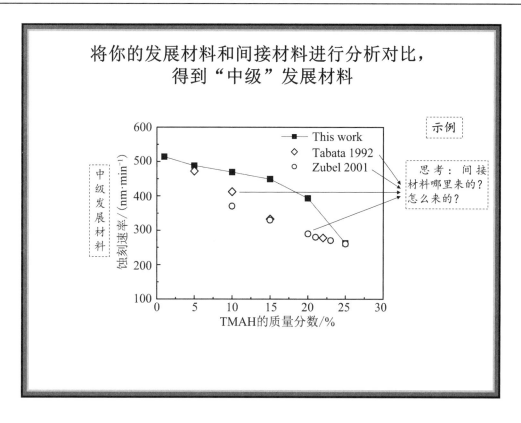

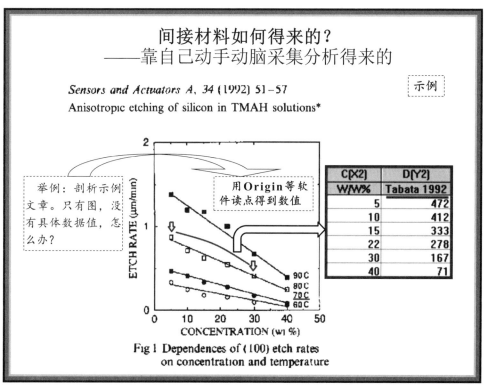

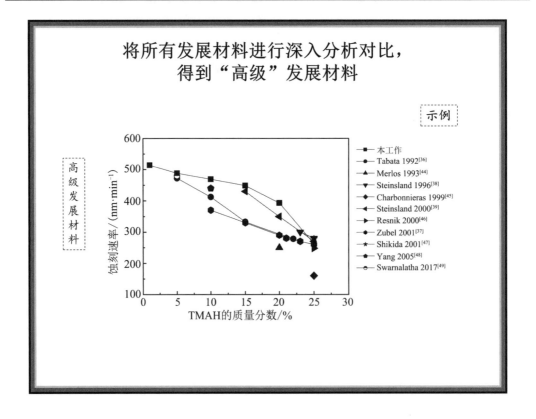

5.11.4 材料要真实准确、典型而新颖、充分而必要

➢ **真实准确**
  ✓ 实事求是，不弄虚作假，不粗心大意，数据的采集、记录、整理、表达等无技术性错误。公式、数据、图表、文字、符号等准确无误，无差错或疏漏。
  ✓ 特别注意与自己预期不符、不好解释、"看起来不漂亮"的结果：不能随意舍去，可能是新发现的突破口。

➢ **典型而新颖**
  ✓ 有代表性和普适性，能提供新证据和新视角。

➢ **充分而必要**
  ✓ <u>充分</u>：量要足够，量多才能从中选出足够的必要材料，否则会"证据不足"。研究尽量系统，多阅读文献，深入分析结果。
  ✓ <u>必要</u>：必不可少，缺此不能展开有效论证。否则会"无关键证据"。研究时要多注意收集必要材料。
  例：云是下雨的必要但非充分条件

(本页部分内容直接引自或改编自参考文献[1]。)

材料要典型而新颖、必要

典型性：圆孔是最简单的模型体系，典型且具有代表性

新颖性：原子力显微镜表征3D形貌和蚀刻深度，以前没有

必要性1：短至1 min的蚀刻形貌结果，是发现特殊晶面所必需的

必要性2：有了晶面的斜角和深度信息，才能确定其晶面指数

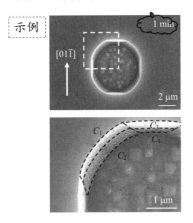
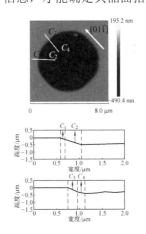

材料要充分

➢ 浓度范围和蚀刻时间范围大，结果系统性强

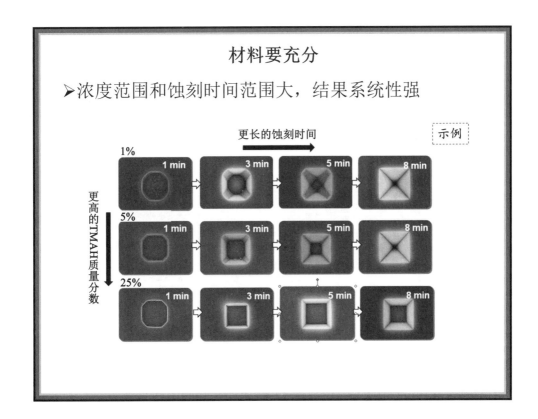

➤ 文献阅读多、分析深入，与 10 篇文章的结果进行对比

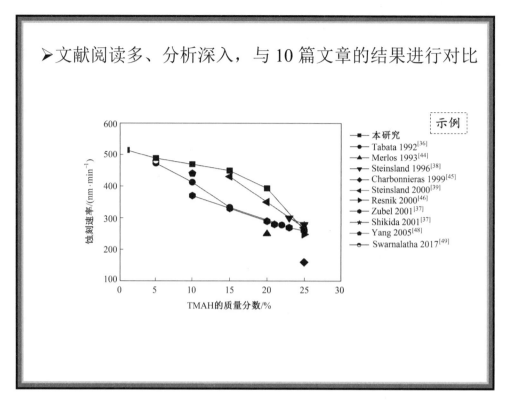

特别注意"看起来不漂亮"的结果

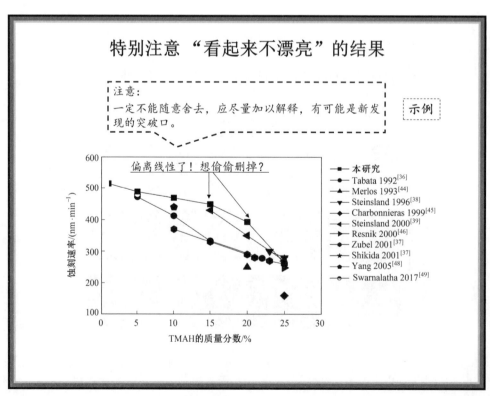

5.11.5 图表绘制和呈现的方法与技巧

➤ 图表是呈现事实的最重要方式，呈现方法与技巧如下
  ✓ 无重复：同一组数据不能用图表重复呈现，大量数值结果置于附录。
  ✓ 易认、美观：轴标、图内文字、插图文字足够大，字体、字号统一。
  ✓ 图题名：简练且完整，具有自明性和概括性，可用短语句不用主语。
  ✓ 彩色数据图：曲线图建议同时用颜色和符号综合区分。
  ✓ 柱状图：横轴不是数值变量，无关联属性（如1#样品、2#样品）。
  ✓ 能用语言描述清楚的少量数据，不一定用图表呈现，节省篇幅。

➤ 文字部分，简要叙述图表中呈现的趋势和变化规律，指出特殊或特别的现象，以便在论证部分进行深入的对比分析

图片呈现和注意事项

示例

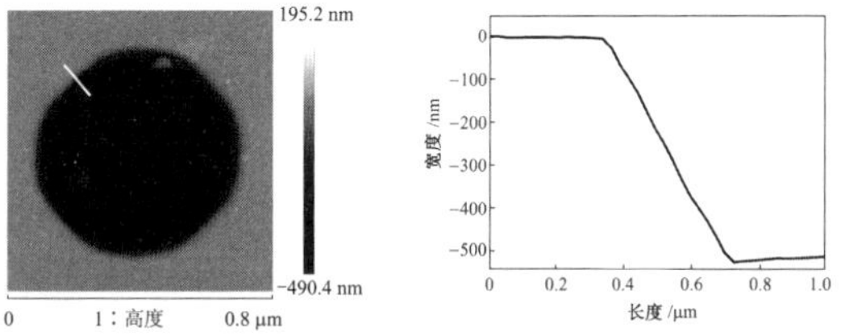

(a) AFM 形貌图　　(b) 线轮廓分析图

图 4-6　圆孔形图形化硅衬底在质量分数为 1% 的 TMAH 溶液中蚀刻 1 min 的 AFM 形貌图和线轮廓分析图

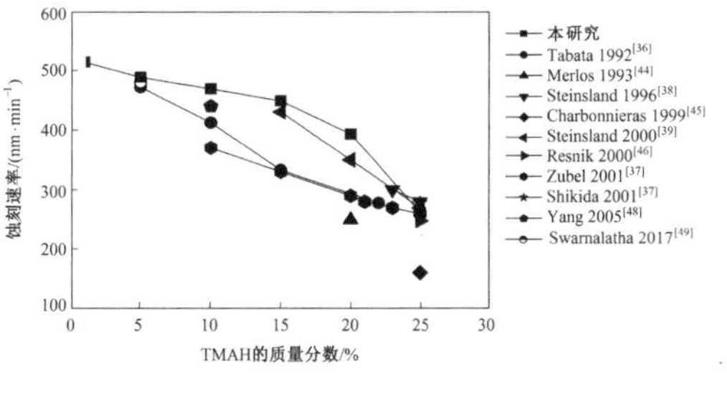

➤ 图要清晰，字体字号一致
➤ 图片大小适中，过大有凑篇幅嫌疑，过小看不清
➤ 图题名完整有概括性；5号字居中
➤ 分图题换行单列
➤ 显微图片调尺寸一定要保持横纵比
➤ 坐标轴取值范围合理：曲线主要部分的斜率≈1
➤ 不同组数据同时用颜色和符号区分，非彩色打印不会混淆

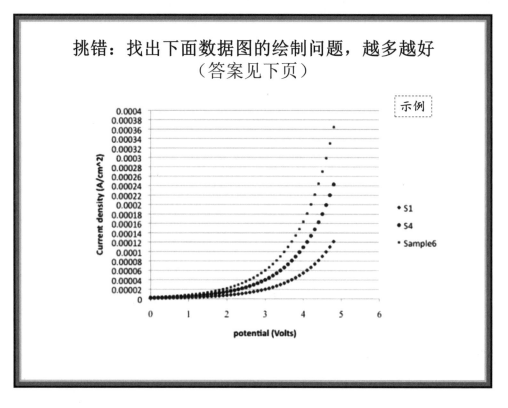

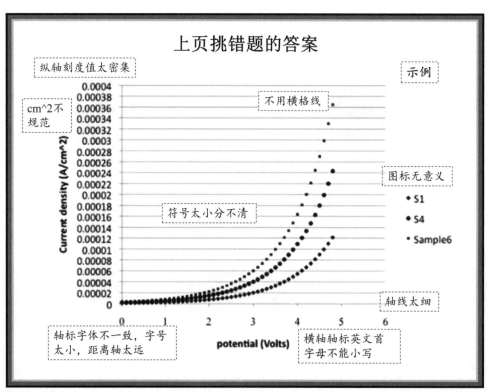

对比下修改前后的数据图

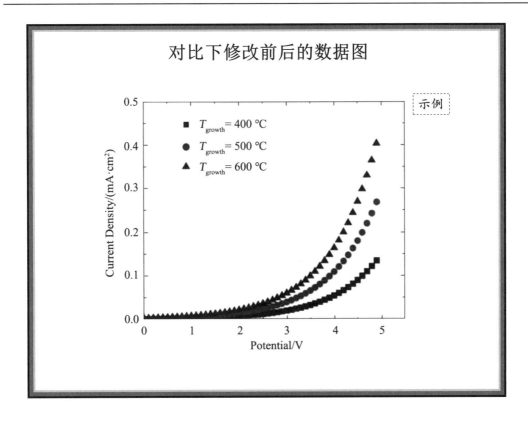

示例

表格的呈现方法

➢ 表题名：要有概括性。表题和表内文字用 5 号字，表格内文字单倍行距。正文中，要在表格出现前提及该表（表格后正文还可以继续阐述）

➢ 表头属性分类：合理、简短，能显示要比较的主要特征或特性

➢ 数据单位：集中放在表头列，不放在各数值后。有效数字准确一致

➢ 不留空白：自己的数据空缺，用横线"—"；文献中数据空缺，可具体说明如"无""不详"。上下左右相同不能写"〃"或"同上"

示例

表4-2 本研究和文献中（100）单晶硅在 70 ℃的 TMAH 溶液中蚀刻速率研究的实验细节比较

掺杂类型（电阻率/Ω·cm）	掩膜形状与尺寸	样品放置方向	容器材质与体积	溶液搅拌	蒸汽回流控制	质量分数/%	蚀刻时长/min	粗糙度表征	Δd 测定方法	作者, 发表年[文献号]
N 型（30～50）	方孔；2.5 mm	水平	玻璃；体积不详	否	冷凝器回流	5～40	90	SEM	电子测微计	Tabata 1992[36]
P 型（4～6）	圆、方孔；200 μm	水平	玻璃；6 L	是	冷凝器回流	5～25	60	SEM	轮廓仪	Zubel 2001[37]
P 型（3 800～4 000）	圆孔；1 cm	垂直，单片	玻璃；体积不详	是	冷凝器回流	5～35	不详	无	激光反射干涉	Steinsland 2000[39]
P 型（1～10）	圆形掩膜；5.0 μm	垂直	聚四氟乙烯；0.2 L	是	无	1～25	1～5	AFM	AFM	本研究

正文中描述结果的注意事项

- 简要叙述图中呈现的趋势和变化规律，指出特殊或特别的现象，以便在讨论部分进行深入的对比分析
- 不要为了凑字数而重复图题的内容，不要写"我们得到了溶液中蚀刻 1～3 min 的圆孔形硅衬底的 SEM 和 AFM 形貌图及图形结构侧壁面的几何尺寸测试结果"，直接开始描述结果
- 学校规定：类似"如图 4-2"或"如表 4-3"的描述，应出现在相应的图表之前

示例

详细研究了蚀刻时间（1～8 min）对衬底上图形形貌的影响，结果如图 4-2 和图 4-3 所示。

蚀刻时间为 1 min 时，如图 4-2（a）所示，衬底上在 SiO_2 掩膜孔位置观察到类圆孔形结构，孔底面粗糙。仔细观察发现，该结构的侧壁由 4 种具有四重旋转对称性的面组成——C_1 和 C_2 为弧面，C_3 为平面，C_4 面积太小不确定，孔底面的凸起为 200～500 nm 的金字塔形。AFM 表征表明，孔深为 0.52 μm，C_1～C_4 面与底部（100）晶面间的夹角分别为 53.2°、45.0°、54.6° 和 35.1°。文献报道[41]了该类圆孔形结构成因：一是蚀刻过程中 SiO_2 掩膜孔的掩膜遮挡作用，二是蚀刻液对底面（100）晶面的蚀刻较对侧壁（111）晶面的蚀刻快。

5.11.6 "以理服人"的论证说理方法

- **讲什么道理**
  - 分析结果的可靠性、重现性和普遍性，阐述结果的适用范围。
  - 比较实验结果与理论计算结果，检验理论分析的正确性。
  - 比较你的结果与文献结果，尤其注意不同并讨论产生不同的原因。
  - 分析不符合预期的现象和数据，并讨论原因。
  - 如此才能**体现你的研究结果的价值和工作的意义**。
- **怎么讲明道理？** 就是用**论证来说理、以理服人**
  - 论证概念：用论据证明论点的推理过程，目的是说服他人相信论题的正确性。论证由论点、论据和论证方式组成。
    - 论点：要明确。
    - 论据：要真实而准确，充分而必要，典型而新颖。
    - 论证：要合理，擅于运用多种论证方式。
  - 论证方式：条理清楚，逻辑性强，表达形式要与内容相适应。

（本节部分内容直接引自或改编自参考文献[1]。）

补充：读好文献和做好研究是论证说理的基础

➢ 前面对关键文章中研究结果的详尽梳理，为现在写好讨论部分准备了充足"弹药"，也做好了心理准备
  ✓ 对文献中与你自己研究的实验细节进行全面的、不留死角的梳理和详细对比。
  ✓ 寻找导致你的结果与文献结果差异的蛛丝马迹。
➢ 对自己的研究结果，也要批判性地看待，要看到优点，更要诚实地面对其中的问题和不足
➢ 应该非常熟悉你的研究领域的知识体系，很好地掌握基本概念和基本理论，对知识框架有整体理解

常用的论证方式

➢ **举例法**：用具体事实和数据来证明论点
➢ **因果互证法**：通过事理分析，揭示论点与论据之间的因果关系，以此证明论点的正确性
➢ **事理引申法**：以人们已知的道理为论据来证明自己的观点
➢ **反证法**：从反面来证明论点，如数学上的反证法
➢ **类比法**：将甲事物与乙事物做对比，以乙事物的正确与否来证明甲事物的正确与否
➢ **对比法**：将截然相反的两种情况进行比较，形成鲜明的对照，从而证实一方面的存在或正确
➢ **归谬法**：先假定论点是正确的，然后以此为前提导出一个显然是荒谬的结论，从而证明假定的论点是错的

论证说理示例

> **论点 1**：蒸汽散失不是导致实测蚀刻速率大于文献结果的原因
>
> **论点 2**：反应容器材质不同是导致结果差异的原因

表 4-2 本研究和文献中（100）单晶硅在 70 ℃的 TMAH 溶液中蚀刻速率研究的实验细节比较

掺杂类型（电阻率/Ω·cm）	掩膜形状与尺寸	样品放置方向	容器材质/体积	溶液搅拌	蒸汽回流控制	质量分数/%	蚀刻时长/min	粗糙度表征	Δd 测定方法	作者, 发表年[文献号]
N 型 (30~50)	方孔；2.5 mm	水平	玻璃；体积不详	否	冷凝器回流	5~40	90	SEM	电子测微计	Tabata 1992[36]
P 型 (4~6)	圆、方孔；200 μm	水平	玻璃；6 L	是	冷凝器回流	5~25	60	SEM	轮廓仪	Zubel 2001[37]
P 型 (3 800~4 000)	圆孔；1 cm	垂直单片	玻璃；体积不详	是	冷凝器回流	5~35	不详	无	激光反射干涉	Steinsland 2000[39]
P 型 (1~10)	圆形掩膜；5.0 μm	垂直	聚四氟乙烯；0.2 L	是	无	1~25	1~5	AFM	AFM	本研究

示例

论点 1 的论证：反证+因果推理+事理引申

> **论点 1**：蒸汽散失不是导致实测蚀刻速率大于文献结果的原因
> **反证**：如果蒸汽散失是原因，则应该导致推理结果与实验结果矛盾
> **因果推理**过程：如果溶液蒸汽发生散失，结合理论分析（水比TMAH更易散失）→TMAH实际含量增加，大量实例的趋势为含量高蚀刻速率低（**事理引申**）→如果蒸汽散失，实测蚀刻速率应该低于文献值。这是推理结果
> **矛盾**：我们的实验结果是实测蚀刻速率高于文献值。与推理结果矛盾。证毕

（2）蚀刻过程中的蒸汽散失　表 4.2 相关文献中，蚀刻过程均采用了正规的蒸汽封闭回流控制，这样有效防止了蒸汽蒸发，保证除化学反应外 TMAH 不损失。本研究的蚀刻装置中，仅用盖板盖住容器口防止蒸发损失，在盖板和开口处会有缝隙，蒸汽会散失；另外，在取放样品过程中需要短暂地拿开小盖板，也会造成蒸汽散失。当尽量减小缝隙和快速地取放样品时，在蚀刻过程中并没有观察到明显的溶液量减少。另外，由于 TMAH（2 300 Pa）远低于水的蒸汽压，即使有蒸汽散失，散失成分应该主要是水，所以蒸汽散失会导致溶液中 TMAH 的实际质量分数增加而不是降低。图 4-8 表明，TMAH 质量分数越高，蚀刻速率越低。我们据此进行了推理，在本研究针对某质量分数的蚀刻实验中，如果在蚀刻过程中发生了蒸汽散失，TMAH 实际质量分数应增加，将会导致蚀刻速率降低而不是升高，则实测蚀刻速率就应该低于文献中报道的相同质量分数条件下的蚀刻速率。但是，所得结果恰好与此相反——TMAH 质量分数为 10~20%的蚀刻速率反而高于文献值。所以，蒸汽散失防护措施的差异不是导致本研究和文献结果差异的原因。

示例

论点 2 的论证：举例+对比+事理引申（示例）

➤ **论点 2**：反应容器材质不同是造成结果差异的原因
➤ **举例**：举文献不同研究者的结果支持论证
➤ **对比**：例举论述观点截然不同的研究（阻碍溶解、促进溶解）
➤ **事理引申**：根据理论和常识，推测如果溶解则离子浓度不会很高

（6）**容器材质**　据张建辉等[51]的研究，70 ℃的 TMAH 溶液，pH 为 11～13。虽然 SiO_2 在 TMAH 溶液中的蚀刻速率比硅低近 4 个数量级，但若容器玻璃与热的蚀刻液长时间接触，蚀刻液仍然会腐蚀玻璃，并将腐蚀产物及玻璃中的金属离子带入溶液。本研究已考虑到这一点，蚀刻实验中所用的反应容器、样品花篮、容器盖板和热电偶保护管等均为聚四氟乙烯材质，避免了这一问题。文献中反应容器均为玻璃制品，而且容器体积较大，蚀刻过程中会不可避免地在蚀刻液中引入 $Si(OH)_4$ 和 $Si_2(OH)_2^{2-}$。对于这些产物是否阻碍反应的进行，文献中尚无一致的看法。Conway 等[52]认为产物会在表面聚合，阻碍反应的进行同时增加了表面粗糙度，而且蚀刻速率越高影响越大。Tabata[53]则发现蚀刻速率随溶液中额外加入的溶解硅的量增加而缓慢增加，但是我们注意到该实验中的最少溶解硅的浓度高达 0.3 mol/L，简单估算表明表 4-2 中的溶解硅浓度远低于该浓度。因此，在反应过程中，这些产物可能沉积在硅衬底表面阻碍蚀刻反应的进行从而降低了蚀刻速率。虽然目前尚需更多的详细研究来揭示其中的机制，但可推测，由于所设计的蚀刻实验避免了沉积物的影响，蚀刻速率更接近真实值。因此，该因素与上面（5）中讨论的扩散因素一起作用，导致在中等 TMAH 质量分数时实测蚀刻速率变化偏离文献中的线性变化趋势。

示例

对比法论证的另外一例

➤ **比较：论证论点、发现问题、展示本研究价值的重要手段**

示例

综合上面对单晶硅的掺杂浓度差异、蚀刻过程中的蒸汽散失、蚀刻时间、Δd 测定方法、样品放置方向等 6 个可能影响原因的分析，可推测样品放置方向和容器材质是导致本研究的蚀刻速率结果与文献中差异的可能原因，在后续研究中还需要通过改变放置方式和调节搅拌速度等来检验这一猜测。研究也发现，最近任霄峰于 80 ℃所做蚀刻实验的蚀刻结果也显示出与本研究所发现的很类似的蚀刻速率变化趋势[54]，但作者并未深究（该文中未写明温度，此处系结合 Tabata 等[36]的数据确定）。因此，需要重视该问题，今后需要更多的工作来解决该问题。

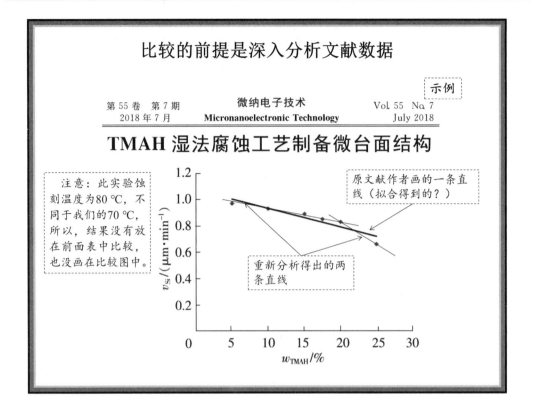

5.11.7 良好的逻辑思维能力的重要性

> 什么是逻辑思维和逻辑思维能力

- 逻辑思维（抽象思维）：人借助各种思维形式和思维方法来能动地反映客观现实的理性认识过程。

- 逻辑思维能力：人运用概念、判断、推理等思维形式的能力，也是人使用比较、分析、综合、抽象、概况等思维方法的能力，是人的思维能力的重要部分。

写好开题报告需要良好的逻辑思维能力

- 逻辑思维能力强：写作思路清晰，前后连贯、主次分明、条理清晰、严谨精密
- 逻辑思维能力弱：写作思路混乱，自相矛盾、不分轻重、信口开河、模棱两可、词不达意
- 逻辑性强的具体体现
  - 紧抓关键点：指导你根据提纲，写出关键问题、找出关键文献、画出关键图表、寻找揭示原因的关键因素。
  - 思路清晰：指导你在讨论部分有序组织材料、分清主次、环环相扣、严密论证。

逻辑思维能力？开题报告评议非常看重

硕士学位论文开题报告评议表 （示例）

学　号		姓名		导师签字	
院（系）		学科		开题时间	
论文题目				开题地点	
评价要素（由评审小组填写）	评价意见（相应栏内画"√"）				
	优秀	良好	中等	合格	不合格
选题的先进性、合理性				√	
国内外研究现状文献综述及存在问题的分析情况					√
阐明研究目的及实际意义的明确程度				√	
研究方案、内容、路线及可行性论述的合理性				√	
目前已完成的研究工作与进度情况				√	
开题报告撰写的认真程度及规范性				√	
综　合　评　定				√?	√?

5.11.8 做好小结：提炼和升华

➢ **结论**：结论是在理论分析和实验验证的基础上，通过严密的<u>逻辑推理</u>得出的富有<u>创造性</u>、<u>指导性</u>、<u>经验性</u>的结果描述。结论以自身的<u>条理性</u>、<u>明确性</u>、<u>客观性</u>反映论文或研究成果的价值

➢ **小结或结论的作用**：不是简单重复研究结果；要针对研究问题，提炼归纳新观点和新认识，让读者快速知悉你的发现

➢ **小结的内容要点**
  ✓ 明确客观地总结出结果说明了什么，得出了什么规律性的认识，解决了什么理论或实际问题（必需内容），不要空泛谈体会。
  ✓ 明确指出对前人的研究做了哪些检验，哪些与本研究结果一致，哪些不一致，你做了哪些修正、补充或发展。
  ✓ 可以客观指出本研究的不足之处或遗留问题。

➢ **小结的格式**
  ✓ 分条写，每条一段，有条理地说明一个方面，不要太长。
  ✓ 主要是用文字表达，可以包括必要的重要数据（如性能参数）。

（本页部分内容直接引自或改编自参考文献[1]。）

小结的写法

➢ 明确、客观地写得到的新观点和新认识
➢ 不要重复研究内容和研究结果

示例

4.5 小结

以表面覆盖圆孔形 SiO_2 掩膜的图形化（100）单晶硅衬底为模型体系，系统研究了其在温度为 70 ℃ 的不同质量分数 TMAH 溶液中的蚀刻行为，得到了如下结论。

① 在质量分数为 1% 的 TMAH 溶液中蚀刻，蚀刻初期形成倒八棱锥结构，<u>该结果在文献中还未见报道</u>。

② 利用 SEM 和 AFM 表征，<u>准确确定了不同结构侧面暴露的晶面指数</u>：$C_1\{3\bar{4}0\}$、$C_2\{110\}$、$C_3\{11\bar{1}\}$、$C_4\{21\bar{1}\}$ 和 $C_5\{1\ 14\ 0\}$。<u>纠正了文献中认为 $C_5\{1\ 14\ 0\}$ 晶面是 $\{100\}$ 晶面的错误认识</u>。

③ 确定了（100）晶面的蚀刻速率，发现所测定的蚀刻速率在 TMAH 的质量分数为 10%~20% 范围内<u>明显高于文献结果</u>，推测是样品放置方向和容器材质不同所致。

总结：摆事实、讲道理、善总结的写作方法
——从研究结果中提炼出有价值的结论的途径

➢ **事实整理**：梳理好文献、做好前期研究是基础。想想，你有初级、中级、高级发展材料可用吗？论据充足吗？研究进展充分展现了吗？

➢ **训练说理**：掌握理论知识，熟悉分析思维框架。不要堆积数据，要分析、对比、归纳。考验你的前期课程和理论学习，考察你对理论知识、实验方法、计算模拟方法、软件等掌握和理解能力

➢ **结果分析的目的是透过现象抓本质**：认真、仔细推敲结果，与理论比、与他人比，剖析存在的问题，努力找出规律性的认识，将事实上升为理论，提炼出有价值的结论

➢ **对待你研究的不足或错误**：有问题很正常！"完美"的数据不存在！要客观地指出和讨论，供读者明鉴，这也是你对学术界的贡献。但也要对自己的结果有信心，不能人云亦云

➢ <u>**训练"以理服人"式写作的作用：是发现问题、提升自己的好机会**</u>

为你准备的小礼物：独家解说"探究"的含义

➢ 探究 = 探索 + 研究

  ✓ 探索。

   ➢ 探：远取，深取。

   ➢ 索：搜寻，发现，连接。

  ✓ 研究。

   ➢ 研：仔细，用力"磨"。

   ➢ 究：穷尽，追查。

5.12 "主要参考文献"的写作

5.12.1 开题报告对参考文献的要求

5.12.2 参考文献著录的常见问题

5.12.3 参考文献引用和著录项编制示例

5.12.1 开题报告对参考文献的要求

- 阅读的主要参考文献应在 20 篇以上，其中外文文献应不少于 1/3。着重查阅近年内发表的中、外文期刊文章，本学科基础和专业课教材不应作为参考文献
- 开题报告的参考文献采用<u>顺序编码</u>。在文后参考文献表中，各条文献按在论文中的文献序号顺序排列，项目应完整，内容应准确，各个项目的次序和标识符号应符合学校规定
- 凡不是语句组成部分的文献序号及其方括号，须排成右上角标，括号内序号逗号后不加空格。例如：甘老师多次说过写作课很重要[24, 25, 29-31]
- 一般应有经典文献，有综述，<u>有最新文献</u>
- <u>不要为了凑数乱引用</u>，<u>不要故意遗漏</u>，不要过多引用自己课题组文章
- 开题报告的参考文献的写作质量和是否规范，是考察你是否认真、仔细的重要指标

5.12.2　参考文献著录的常见问题

➢ <u>顺序编码制</u>的常见错误：不按所引文献在文中出现的先后顺序编码，先出现的文献序号比后出现的大

➢ 参考文献著录项中缺少前三位作者姓名，只写出第一作者就加"等"或et al；标点符号、著录标识符号不规范、不一致

➢ 在一处或段末引用大量文献（不应超过5篇），而不是对具体点进行针对性引用。例如：甘老师多次说过写作课很重要[24-35]

➢ 缺少期刊卷号、期号（若无可以省略）、页码等

➢ 写错著录项，如著译者姓名、题名或书名、出版年、期刊的卷期号、页码等

➢ <u>盲目依赖从数据库、Endnote和百度上导出的文献条目，不仔细逐条核对检查著录项和格式</u>

5.12.3　参考文献引用和著录项编制

低，电池吸收的入射太阳光更多，效率也越高。未经处理的硅衬底表面光反射率高达35%，工业上采用对硅衬底进行蚀刻处理在表面产生具有斜面微结构的方法——织构化或"绒化"处理，来增强表面"陷光"作用以降低反射率[4,5]。以（100）单晶硅衬底为例，经碱液中蚀刻的绒化处理后，硅衬底表面形成了大量斜面为（111）面的金字塔形微结构。绒面的陷光作用使入射光在绒面结构内多次反射和折射，提高了光进入下层硅衬底 PN 结被吸收的总吸收率，从而大幅降低了光的反射率并提升了光电转换效率[6-8]。

示例

8　主要参考文献

[1] GREEN M A. Third generation photovoltaics: solar cells for 2020 and beyond[J]. Physica E, 2002, 14(1):65-70.
[2] 王文静. 晶体硅太阳电池制造技术[M]. 北京：机械工业出版社. 2014：17-31.
[3] 陈俊帆, 赵生盛, 高天. 高效单晶硅太阳电池的最新进展及发展趋势[J]. 材料导报, 2019, 33（1）：110-116.
[4] TANG Q T, SHEN H L, YAO H Y, et al. Potential of quasi-inverted pyramid with both efficient light trapping and sufficient wettability for ultrathin c-Si/Pedot:PSS hybrid solar cells[J]. Solar Energy Materials and Solar Cells, 2017, 169: 226-235.
[5] 何苗, 陈建林, 周厅. 陷光结构应用于太阳能电池的研究进展[J]. 材料导报, 2018, 32（5）：696-707.
[6] LU X D, LI Y K, LUN S X, et al. High efficiency light trapping scheme used for ultrathin c-Si solar cells[J]. Solar Energy Materials and Solar Cells, 2019, 196: 57-64.

再次提醒：要重视参考文献的写作

➢ 参考文献量要足够，要有近几年的新文献

➢ 注意引用一手文献，当心每一个二手文献

➢ 引用和著录项编制规范，要逐一检查核对，注意细节

➢ 开题报告汇报和论文答辩时，参考文献写作不认真、不规范是导致你写作得低分的"导火索"

5.13 "为完成课题已具备和所需的条件及经费"的写作

➢ 阐明研究相关的硬件和软件条件是否具备

➢ 重点是关键性材料、设备、测试、软件等，没有的写明如何实现（合作、外测等途径）

➢ 不用把所有的研究条件都罗列出来

6 为完成课题已具备和所需的条件及经费 ｜示例｜

　　本研究所需的蚀刻反应容器需定制，已经联系好合适的厂家加工。衬底的掩膜光刻加工，已经联系×××研究所协助完成。其他表征测试均可在校分析测试中心、学院分析测试平台及本实验室完成。研究经费充足、有保证。

5.14 "预计研究过程中可能遇到的困难和问题,以及解决的措施"的写作

- 列出你预计的可能对研究顺利开展具有瓶颈制约作用的**技术性问题**,材料、测试、理论、仿真等方面均可
- 对这些问题,依次提出可能的解决方案,注意可行性
- 不要写文献阅读不够、对仪器不熟悉、时间不充足等主观性理由

7 预计研究过程中可能遇到的困难和问题,以及解决的措施 示例

根据对研究方案的分析和本人的初期研究经验,预计会遇到如下困难和问题,并提出了相应的解决方法。

(1)普通 AFM 针尖用于表征垂直的侧壁时结果不准确 当表面结构的侧壁接近垂直时,普通 AFM 的针尖倾角不够大,很容易出现成像假象,影响结果的可靠性。

拟解决方案:采用前端垂直的 AFM 针尖进行表征,同时用 SEM 观察侧壁的侧面轮廓,检验 AFM 表征结果的可靠性。

5.15 开题报告的篇幅:我的建议

- 学校规定(最低要求):正文不少于 5 000 字
- 我的建议:>1 万字,不少于 20 页(含图表,平均 500字/页)
  - ✓ 为什么?硕士学位论文正文要求 3 万~5 万字(含图表)。
  - ✓ 开题报告,应该为硕士论文提供至少 1/3 的内容。
- 本书中展示的示例开题报告
  - ✓ 正文 2 万字,约 28 页(共 35 页)。
  - ✓ 该同学的硕士论文,正文 3.8 万字,65 页(共 74 页)。

第6章 开题报告去粗取精、按规范修改的方法
——"检读想写改慎"写作法之"改"篇

  6.1 开题报告的修改策略
  6.2 学术论文的句式特点
  6.3 修改完善论证、仔细修改文句
  6.4 写好开题报告题目的方法
  6.5 开题报告排版技巧
  6.6 理工科论文规范写作的易错问题辨析
  6.7 开题报告修改特别提示

6.1 开题报告的修改策略

➢ **改总体结构方面的问题**
- ✓ 改前后不一致——研究目的、研究内容与已经完成的工作不对应。
- ✓ 改头重脚轻——介绍文献内容多,自己的结果少。
- ✓ 改虎头蛇尾——数据堆积多,分析讨论少。
- ✓ 改题目——内容上要能涵盖全文,用词准确、简洁、无语病。

➢ **改论证和逻辑问题**
- ✓ 论点正确吗?论据充分必要吗?论证合理吗?
- ✓ 逻辑合理吗?有明显谬误吗?缺逻辑链条吗?

➢ **改文献问题**
- ✓ 引用错误,漏引、多引、重复引,文献格式错误。

➢ **改文句问题**
- ✓ 错字、错词,词不达意,语句不通,上下段过渡不畅。
- ✓ 要注意字斟句酌,在遣词造句上下功夫(初稿不要求)。

➢ **改排版和规范问题**
- ✓ 版心不对(每页行数和字数),页面留空白太多,图片和图题分页。

6.2　学术论文的句式特点

➢ **大量使用陈述句**。主谓宾清晰明确,陈述的对象、内容明确。几乎不用感叹句和祈使句,少用疑问句
➢ **大量使用不完全句(无主语句)**。省略主语使语言更简练
➢ **长句使用多**。长句表意周到严密,结构紧凑,但注意不同于一逗到底
➢ **复句使用普遍**。复句中有不止一套主谓宾且包含多个单句。复句语义丰富,便于清楚表达逻辑关系
➢ **固定结构多**。含义明确,词语精练,用起来方便。"与……成正比""作用在……上""以……为……""与……相比""当……时""在……条件下""式中……""如图所示""由图可见"等

示例

　　以表面覆盖圆孔形SiO$_2$掩膜的图形化(100)单晶硅衬底为模型体系,系统研究了其在温度为70 ℃的不同质量分数 TMAH 溶液中的蚀刻行为,得到了如下结论。(<u>此句为陈述句,无主语,状语很长,宾语部分长,宾语的定语也很长</u>;"<u>以……为……</u>","<u>系统研究了……的行为</u>","<u>得到了……结论</u>"的固定结构)

(本页部分内容直接引自或改编自参考文献[1]。)

复句示例

复句中大量使用关联词语。

　　例如:"既……又……""不是……就是……""不仅……而且……""只有……才……""为了……""原因是……　因此……""对于……虽然……但是……"等等。

示例

　　目前,文献中报道的圆孔形图形化硅衬底在 TMAH 溶液中蚀刻后侧壁暴露的晶面种类,仅有{1̄10}和{1̄11̄}两种[42],本研究所发现的{21̄1̄}、{340}和{1 14 0}晶面还未见报道。<u>原因是</u>文献中所用 TMAH 溶液的质量分数多为 25%[36],但本研究的结果表明,TMAH 质量分数越高,{21̄1̄}和{340}晶面存在时间越短甚至不形成;<u>因此,只有</u>在 TMAH 质量分数较低或仔细观测短时间蚀刻的样品时,<u>才</u>有可能捕捉到这些晶面存在的证据;而对于{1 14 0}晶面,由于其在侧壁上内陷而且与底面的倾角仅略大于 90°,文献中没有仔细地进行截面 SEM 表征,错误地认为其与底面垂直而认定为{100}晶面[14, 35]。<u>因此,</u>本节的研究结果纠正了文献中的错误结论,有助于全面、正确认识单晶硅衬底在 TMAH 溶液中的蚀刻行为。

(本页部分内容直接引自或改编自参考文献[1]。)

6.3 修改完善论证、仔细修改文句

初稿段落

（2）蚀刻过程中的蒸汽回流防蒸发措施　蚀刻过程中他们均采用正规的蒸汽封闭回流控制，有效防止了蒸汽蒸发，保证了初化学反应外 TMAH 不损失。我们的装置仅采用盖板盖住容器口，在盖板和开口处会有缝隙，而且在取放样品过程中短暂地打开了小盖板，虽然我们已经注意了密封性和快速取放样品，但在蚀刻过程中及取放样品时蒸汽肯定会有所损失（虽然我们并没有观察到明显的溶液量减少）。由于 TMAH 的蒸气压（2300 Pa）远低于水，这就会导致溶液中的水蒸发，TMAH 实际含量增加。但是，图 4-8 表明，<u>TMAH 含量越高，蚀刻速率应该越低</u>，所以不能解释本研究得到的蚀刻速率值明显高于他们的现象。

示例

注意修改论证不完整、错别字、语句不通顺的地方。

修改稿段落

（2）蚀刻过程中的蒸汽散失　表 4.2 相关文献中，蚀刻过程均采用了正规的蒸汽封闭回流控制，这样有效防止了蒸汽蒸发，保证除化学反应外 TMAH 不损失。本研究的蚀刻装置中，仅用盖板盖住容器口防止蒸发损失，在盖板和开口处会有缝隙，蒸汽会散失；另外，在取放样品过程中需要短暂地拿开小盖板，也会造成蒸汽散失。当尽量减小缝隙和快速地取放样品时，在蚀刻过程中并没有观察到明显的溶液量减少。另外，由于 TMAH（2 300 Pa）远低于水的蒸汽压，即使有蒸汽散失，散失成分应该主要是水，所以蒸汽散失会导致溶液中 TMAH 的实际质量分数增加而不是降低。图 4-8 表明，<u>TMAH 质量分数越高，蚀刻速率越低</u>。我们据此进行了推理，在本研究针对某质量分数的蚀刻实验中，如果在蚀刻过程中发生了蒸汽散失，TMAH 实际质量分数就会导致<u>蚀刻速率降低而不是升高</u>，则实测蚀刻速率就应该低于文献中报道的相同质量分数条件下的蚀刻速率。但是，所得结果恰好与此相反——TMAH 质量分数为 10～20% 的蚀刻速率反而高于文献值。所以，蒸汽散失防护措施的差异不是导致本研究和文献结果差异的原因。

6.4 写好开题报告题目的方法

6.4.1 对题目的要求

6.4.2 题目写作的注意事项

6.4.1 对题目的要求

➢ 题目：反映论文最重要的特定内容的最恰当、最简明的词语的逻辑组合

➢ 对题目的总要求：**准确得体、简短精练、便于检索、容易认读**

➢ 文字要求：结构合理、选词准确、详略得当、语序正确

➢ 特别注意：研究生开题报告和论文题目不能超过25字！（特殊情况可以加副标题）

(本页部分内容直接引自或改编自参考文献[1]。)

6.4.2 题目写作的注意事项

➢ 题目应准确表达论文的内容，恰如其分反映研究的范围和深度
➢ 不能使用笼统的、泛指性很强的词语和华而不实的辞藻
➢ 一定要有反映文章内容的关键词，关键词多一些更好
➢ 避免使用非共知共享的缩略语、首字母缩写字、字符、代号等
➢ 尽量用名词或名词性词组为中心的偏正词组，不用动宾结构
➢ 要注意分寸，不随意拔高，不随意用"×机制""×规律"
➢ 对比恰当的和不恰当的题目示例

√图形化（100）单晶硅在四甲基氢氧化铵溶液中的蚀刻行为研究   示例
单晶硅在四甲基氢氧化铵溶液中的蚀刻行为研究（太笼统）
图形化单晶硅在四甲基氢氧化铵溶液中的蚀刻动力学行为研究（太窄）
图形化（100）单晶硅在四甲基氢氧化铵溶液中的蚀刻<u>机制</u>研究（随意拔高）
图形化（100）单晶硅在<u>TMAH</u>溶液中的蚀刻行为研究（用生僻缩写）
<u>研究</u>图形化（100）单晶硅在四甲基氢氧化铵溶液中的蚀刻行为（动宾结构）

(本页部分内容直接引自或改编自参考文献[1]。)

题目中关键术语要字斟句酌

➢ 题目：图形化（100）单晶硅在四甲基氢氧化铵溶液中的<u>蚀刻</u>行为研究

➢ 用"蚀刻"还是"刻蚀"？文献中都有，哪一个更准确？
  - ✓ <u>蚀刻</u>：重点在"刻"——材料被去除的结果，蚀（过程较缓慢的化学或物理方法）只是手段或机制。没问题！
  - ✓ <u>刻蚀</u>：重点在"蚀"——缓慢的化学或物理去除过程，刻（去除）只是表明发生了材料被去除的现象（有动作进行的含义）。

➢ <u>蚀刻液</u>——一种溶液，能通过化学腐蚀或溶解机制实现材料去除这一目的的溶液。没问题！

➢ 刻蚀液——一种材料被化学腐蚀或溶解的溶液。不通！

6.5 开题报告排版技巧

➢ 第1点：页面有大量空白怎么办

➢ 第2点：段尾就1、2个字怎么办

➢ 第3点：图和图题分页（窜页）怎么办

➢ 第4点：设定好正文和标题的格式方便排版

➢ 第5点：设置每页行数、每行字符数（版心）的方法

➢第1点：页面有大量空白怎么办
✓ 把下页图片后面的文字提前，尽量填满空白。

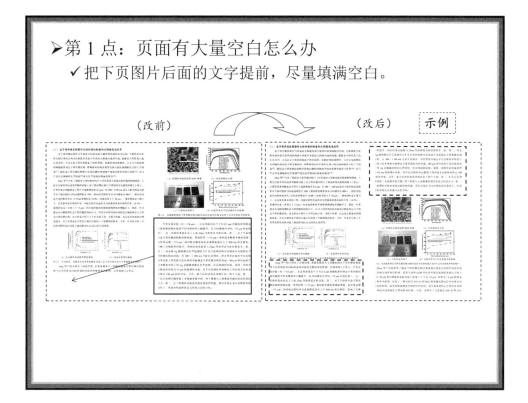

➢第2点：段尾就1、2个字怎么办
✓ 通读全段，找出可以删去的不重要的字。不多占空间还美观。

（改前）

（1）单晶硅的掺杂浓度差异　　从表4-2可知，研究中所用的单晶硅的掺杂类型和电阻率不同，下面分析这两个因素是否会对这几个材料的蚀刻速率产生影响。Thong等的结果表明[50]，N型和P型硅在90 ℃条件下蚀刻0.5～3.5 h，蚀刻速率无差异，可以推断在更低的70 ℃蚀刻时，由于蚀刻速率更低，N型和P型硅的蚀刻速率也应该一样。此外，Tabata等[36]研究了硼的掺杂浓度对N型多晶硅在90 ℃的TMAH溶液中蚀刻速率的影响，发现掺杂浓度只有高于$10^{18}\,cm^{-3}$（电阻率低于$0.05\,\Omega\cdot cm$）时才会影响蚀刻速率（随掺杂浓度的4次方降低），而表4-2中单晶硅的电阻率对应的掺杂浓度远低于$10^{18}\,cm^{-3}$，所以可以推断表4.2中其他学者的三项研究中，电阻率对蚀刻速率没有影响。综合这两点，认为三项研究中单晶硅的物理性质差异不会影响蚀刻速率，同样不能解释本研究的蚀刻速率值明显高于它们的现象。

（改后）

（1）单晶硅的掺杂浓度差异　　从表4-2可知，研究中所用单晶硅的掺杂类型和电阻率不同，下面分析这两个因素是否会对这几个材料的蚀刻速率产生影响。Thong等的结果表明[50]，N型和P型硅在90 ℃条件下蚀刻0.5～3.5 h，蚀刻速率无差异，可以推断在更低的70 ℃蚀刻时，由于蚀刻速率更低，N型和P型硅的蚀刻速率也应该一样。此外，Tabata等[36]研究了硼掺杂浓度对N型多晶硅在90 ℃的TMAH溶液中蚀刻速率的影响，发现掺杂浓度只有高于$10^{18}\,cm^{-3}$（电阻率低于$0.05\,\Omega\cdot cm$）时才会影响蚀刻速率（随掺杂浓度的4次方降低），而表4-2中单晶硅的电阻率对应的掺杂浓度远低于$10^{18}\,cm^{-3}$，所以可以推断表4.2中其他学者的三项研究中，电阻率对蚀刻速率没有影响。综合这两点，认为三项研究中单晶硅的物理性质差异不会影响蚀刻速率，同样不能解释本研究的蚀刻速率值明显高于它们的现象。

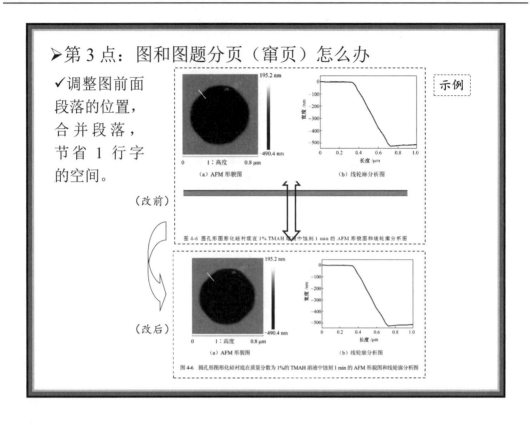

然后，可以方便地自动生成开题报告目录

目 录

示例

1 课题来源及研究的背景和意义 121
  1.1 课题的来源 121
  1.2 课题研究的背景和意义 121
2 国内外在该方向的研究现状及分析 122
  2.1 晶体硅太阳能电池的结构和工作原理 122
  2.2 陷光结构的减反射作用原理 123
  2.3 国内外文献综述 124
    2.3.1 金字塔形减反射图形化硅衬底的制备和太阳能电池应用 125
    2.3.2 单晶硅在 TMAH 等溶液中的蚀刻行为研究进展 127
  2.4 国内外文献综述简析 133
3 主要研究内容 134
4 已完成的研究内容 135
  4.1 圆孔形图形化 SiO_2 掩膜的制备与表征 135
  4.2 圆孔硅衬底在质量分数为 1% 的 TMAH 溶液中蚀刻的形貌演变 136
  4.3 图形结构侧壁暴露晶面的晶面指数的确定 138
  4.4 TMAH 溶液质量分数对（100）晶面蚀刻速率的影响 140
  4.5 小结 145
5 研究方案及进度安排，预期达到的目标和取得的研究成果 145
  5.1 研究方案 145
  5.2 进度安排 148
  5.3 预期达到的目标和取得的研究成果 148
6 为完成课题已具备和所需的条件及经费 148
7 预计研究过程中可能遇到的困难和问题，以及解决的措施 148
8 主要参考文献 149

➢ 第 5 点：设置每页行数、每行字数（版心）的方法

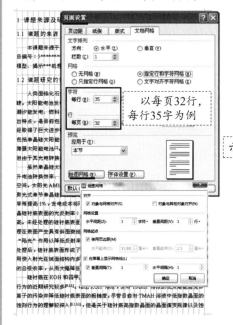

以每页 32 行，每行 35 字为例

示例

6.6 理工科论文规范写作的易错问题辨析

6.6.1 浓度和含量的正确表述
6.6.2 数字使用的规则
6.6.3 数值和偏差范围
6.6.4 数值与单位间的空格
6.6.5 量符号使用的规则
6.6.6 公式

(本节部分内容直接引自或改编自参考文献[1]和[2]。)

6.6.1 浓度和含量的正确表述

➢ ××浓度：混合物中某成分的某一量与混合物的<u>总体积</u>之比。例如：

- B的物质的量浓度，简称浓度：是物质B的物质的量除以混合物的体积，即$c_B=n_B/V$，单位是mol/m^3，常用mol/L。称"摩尔浓度""当量浓度"，都是错误的。

- B的质量浓度：物质B的质量除以混合物的体积，即$\rho_B=m_B/V$，单位是kg/m^3或kg/L。<u>称"重量体积百分浓度"，并用%（W/V）或ppm、ppb表示，都是错误的</u>。

- B的分子浓度：B的分子数除以混合物的体积，即$C_B=N_B/V$，单位是mL^{-1}或cm^{-3}或者μL^{-1}或mm^{-3}。

> ××分数：混合物中某成分的某一量与构成混合物的各成分同一总量之比。例如：
> - ✓ B的质量分数：物质B的质量与混合物的质量之比，$w_B = m_B/m_{混}$，单位为"1"
> - ✓ B的体积分数：物质B的体积与混合物的体积之比
> - ✓ B的摩尔分数：替换名称是B的量分数，是物质B的物质的量与混合物的物质的量之比，即$x_B = n_B/n_{混}$，单位为"1"
> - ✓ "××分数"这些量均为量纲一的量，习惯上用百分数（%）表示，当量值更小时，则用10^{-3}、10^{-6}等表示，也可用2个同类单位之比表示，如g/kg、mg/kg、mL/L等
> - ✓ 用%（*W/W*）和%（*V/V*）分别表示质量分数和体积分数，是错误的。10%（*W/W*），现在应改为质量分数为10%或0.10或100 g/kg。

> ××比：混合物中各成分的同类量之比，不是与总量之比
> - ✓ 当用%、10^{-3}、10^{-6}表示时，应指明量的标准化名称，如"B的质量分数是10×10^{-6}"，若说成"B的含量（或浓度）是10×10^{-6}"就不明确。
> - ✓ <u>"含量"是非物理量</u>。当"含量"用于表示特定组分在混合物中占有的份额时，通常所指物理量包括上述××浓度、××分数、××比中所列的各个量，正确表达"含量"的参考规则如下：
>   > 定性描述时使用，如说"谷物的淀粉含量高，蛋白质含量低"。
>   > 定量描述时，应将"含量"一词改为相应的标准化量名称，如将"二锅头的乙醇含量为58%"改为"二锅头乙醇的体积分数为58%"。
>   > 不得单纯用%、10^{-6}（ppm）等来表示含量，而应弄清楚"含量"的具体含义后再改为标准的量名称。如"某化肥中氮的含量为21%"应改为"某化肥中氮的质量分数为21%"。
>   > 注意：可用2个单位之比表示含量。如说"某茶叶含硒35 mg/kg"。

6.6.2 数字使用的规则

➤ **对于数值的增加或减少，要注意其概念和用词**

  ✓ 区分"增加到几倍"与"增加了几倍"。例如：

    增加为过去的 2 倍——过去为 1，现在是 2
    增加到 2 倍——过去为 1，现在是 2
    增加了 2 倍——过去为 1，现在是 3
    增加 2 倍——过去为 1，现在是 3
    增加 80%——原来为 100，现在是 180

  ✓ <u>减少不能用倍数</u>，常用分数、百分数。例如：

    减少了 1/5——原来为 1，现在是 4/5
    减少 1/5——原来为 1，现在是 4/5
    降低了 80%——原来为 100，现在是 20
    降低 80%——原来为 100，现在是 20
    降低到 80%——原来为 100，现在是 80

➤ **准确使用表示概数的词语**

  ✓ "约""近""左右""上下"等，以及概数不能并用。不能说"约 50 kg 左右"。

  <u>最大值、最小值不应是范围</u>，例如：

    "最大直径为 1.5～5.0 cm"，应为"最大直径为 5.0 cm"；
    "最低温度为 8～14 ℃"，应为"最低温度为 8 ℃"。

  ✓ 避免混乱的表述。例如：

    "功率至少 2.6 kW 以上"，应为"功率至少 2.6 kW"；
    "精确称取样品约 20.0 mg"，应为"精确称取样品 20.0 mg"。

> **科学计数法和有效数字**
> - 小数点后面有3个以上"0"的纯小数和尾数有3个以上"0"的整数,均可采用"$\times 10^n$"(n为正负整数)的科学计数法来改写;但属于有效数字的"0"必须写出。例如:
>
>   已知2 900 000这个数的有效数字是3位,则应改写作2.90×10^6或290×10^4,而不能写作2.9×10^6或29×10^5。
>
> - 对于表示同一个量值的一组数字,各个数字的有效位数应全部写出。例如:
>
>   某组精确到10^{-3} kPa的压力数据0.850、0.900、1.000 kPa,不能写作0.85、0.9、1 kPa。

6.6.3 数值和偏差范围

> 数值的起止用数值范围号"~"
> 表示单位相同的数值范围时,只需在后一个数值后写出单位。例如:
>
>   200~220 V,不宜写作200 V~220 V
>
> 数值的单位不完全相同时,每个数值的单位都应写出。例如:
>
>   45°~45°30′
>
> 单位相同的数值及偏差,当上下偏差相等时,数值及其偏差都应带单位。例如:
>
>   80 mm±2 mm或(80±2) mm,不能写成80±2 mm

➢ 百分数范围和幂次范围的表示

✓ 百分数范围的表示。前后2个数字都应带百分号"%"。

例如：

63%～67%不能写作63～67%，(65±2)%不能写成65±2%。

✓ 表示幂次相同的数值范围时，幂次不能省略。

示例：

5.8×10^3～7.0×10^3不能写作5.8～7.0×10^3，但可以写作$(5.8$～$7.0)\times10^3$

➢ 连续的数值分组，数值不能重叠

"从A到B"，表示为A～B；

"超过A到B"，表示为>A～B；

"至少A不足B"，表示为A～<B；

"超过A不足B"，表示为>A～<B。

示例：

错误分组：样品质量/g　0～10　10～20　…　60～70　70以上

（问题：某样品质量为20 g，该归在第2组还是第3组，无法确定）

正确分组：样品质量/g　0～10　>10～20　…　>60～70　>70 g

> **面积及体积尺寸、数字相乘**
> - ✓ 表示带单位的三维（体积）和二维（面积）尺寸时，每个数值后都应写出单位。示例：
>   80 mm×25 mm×50 mm，不能写成80×25×50 mm或80×25×50 mm^3；
>   50 m×40 m，不能写成50×40 m或50×40 m^2
> - ✓ 数字相乘，尤其是有小数点的数字相乘时，应使用叉乘号"×"，而不使用点乘号"·"。示例：
> $1.8×10^{-3}$，不能写成$1.8·10^{-3}$。
> - ✓ 字母符号与后面的数字相乘须用"×"，如$AB×10^{-3}$

6.6.4 数值与单位间的空格

> 数值与单位或数值与词头之间，书写（尤其是排版）时应留出适当的空隙（最好是留4分空，即1/4个汉字空，一般用一个space（空格）即可）。例如：
>   500 km不能排成500km；0.2 t不能排成0.2t。

> 例外：角度的"度"，百分号。例如：
>   25°，30%。

6.6.5 量符号的使用规则

- 量符号一般为单个拉丁字母或希腊字母
- 无论文本的其他字母的字体如何，<u>量符号必须采用斜体字母</u>
- 矢量、张量符号一律用黑斜体
- 应采用国家标准中规定的量符号
- 根据需要可以在量符号上附加其他符号，如上下角标字母、阿拉伯数字等，用以表示某些特定的状态、关系、位置、条件和测量方法等
- 在一篇论文中，同一个大写或小写字母只能表示同一个量
- <u>表示物理量的符号或变动性数字符号的下角标用斜体；其他下标用正体</u>。例如：

    正体下标：C_g (g—gas, 气体)；μ_r (r—relative, 相对)

    斜体下标：C_p (p—压力)；F_x，力 F 的 x 分量；$\Sigma_n a_n \theta_n$ (n—连续数)

6.6.6 公式

- 公式是数字、字母、符号和型线等的逻辑组合，与文字叙述具有同样的功能，是论文的有机组成部分
- 注意每章内顺序编号，字号字体一致

    2.11 公式

    论文中的公式应另起行，并居中书写，与周围文字留有足够的位置区分开。公式应标注序号，并将序号置于括号内。公式序号按章排编，如第1章第1个公式的序号为"（1-1）"。公式的序号右端对齐。

    文中引用公式时，一般用"见式（1-1）"或"由公式（1-1）"。

    若公式前有文字（如"解""假定"等），文字前空4个半角字符，公式仍居中排，公式末不加标点。

    公式中第一次出现的物理量代号应给予注释，注释的转行应与破折号"——"后第一个字对齐。破折号占4个半角字符，注释物理量需用公式表示时，公式后不应出现公式序号，如（3-1）。格式见下例：

    式中 M_f ——试样断裂前的最大扭矩（N·m）；

    θ_f ——试样断裂时的单位长度上的相对扭转角，$\theta_f = \dfrac{d\varphi}{dl}$ (rad/mm)；

    $\bar{h}$ ——无量纲气膜厚度，$\bar{h} = \dfrac{h}{h_0}$，h 为气膜厚度，h_0 为平均气膜厚度。

    不能用文字形式表示等式，如：刚度 = $\dfrac{\text{受力}}{\text{受力方向的位移}}$

公式写作

示例

为了验证所得的晶面指数准确性，先基于面心立方晶系的晶面夹角公式计算该晶面与（100）晶面的夹角，再与 AFM 的实测夹角值对比，确认是否相等。若计算值和实测值相等，就进一步确认了所得晶面指数的正确性。晶面夹角公式为

$$\varphi = \cos^{-1} \frac{h_1 h_2 + k_1 k_2 + l_1 l_2}{\sqrt{(h_1^2 + k_1^2 + l_1^2)(h_2^2 + k_2^2 + l_2^2)}} \quad (4\text{-}1)$$

式中　h_i、k_i、l_i——所测晶面的晶面指数（$i=1$）及（100）晶面的晶面指数（$i=2$）；
　　　φ——所测晶面与（100）晶面的夹角。

仍以 $C_2\{1\bar{1}0\}$ 晶面为例，由公式（4-1）计算 $\varphi=45.0°$，与 AFM 的测定结果相同，由此可以确认所得晶面指数的正确性。

6.7　开题报告修改特别提示

➢ 修改要全面，对自己严格。老师收到的不应该是错误百出的草稿，而是你用心写的、精心写的、仔细改的**作品**

➢ 对每一句话都要推敲，对文中的关键语句要字斟句酌

➢ 逻辑混乱问题比出现几个错别字更严重

➢ 但是，记住不可能写出一篇"完美"的报告。报告总会有瑕疵。静下心来，合理安排你的时间和精力，并尽你所能，争取把报告修改到最好

开题报告评议非常看重写作的规范性

硕士学位论文开题报告评议表

示例

学 号		姓名		导师签字	
院（系）		学科		开题时间	
论文题目				开题地点	

评 价 要 素 （由评审小组填写）	评价意见（相应栏内画"√"）				
	优秀	良好	中等	合格	不合格
选题的先进性、合理性				√	
国内外研究现状文献综述及存在问题的分析情况					√
阐明研究目的及实际意义的明确程度				√	
研究方案、内容、路线及可行性论述的合理性				√	
目前已完成的研究工作与进度情况				√	
开题报告撰写的认真程度及规范性					√
综 合 评 定					√

第7章 学术道德规范和心理建设问题解答
——"检读想写改慎"写作法之"慎"篇

7.1 学术论文发表的道德规范

7.2 严重的学术不端行为

7.3 对学位论文中抄袭行为的认定（暂行）

7.4 如何正确改写、总结以避免抄袭

7.5 开题报告写作的心理建设

7.1 学术论文发表的道德规范

- 不抄袭、不剽窃、不伪造、不篡改、不重复发表
- "五不准"：不准代写、不准代投、不准代改、不准提供虚假同行审稿人信息、不准违反论文署名规范
  - ✓ 不准违反论文署名规范
    - 所有论文署名作者应事先审阅并同意署名发表论文，并对论文内容负有知情、同意的责任。
    - 论文起草人必须事先征求署名作者对论文全文的意见并征得其署名同意。
    - 论文署名的每一位作者都必须对论文有实质性学术贡献，坚决抵制无实质性学术贡献者在论文上署名。
- 遵守医学和动物实验伦理要求

科协发组字〔2015〕98号

中国科协 教育部 科技部 卫生计生委
中科院 工程院 自然科学基金会
关于印发《发表学术论文"五不准"》的通知

7.2 严重的学术不端行为

- **抄袭**：将他人作品的全部或部分，以或多或少改变形式或内容的方式当作自己的作品发表
- **剽窃**：未经他人同意或授权，将他人的语言文字、图表、公式或研究观点，经过编辑、拼凑、修改后加入自己的论文中，并当作自己的成果不加引用公开发表
- **伪造**：不以实际观察和实验中取得的真实数据为依据，而是按照某种科学假说和理论演绎出的期望值，无中生有出虚假的观察与实验结果
- **篡改**：操纵实验材料、设备或步骤，更改或省略数据或部分结果，使得研究记录不真实反映实际情况
- **重复发表**：未经出版社、期刊同意或授权，同一作者在两种或多种期刊同时或相继发表内容相同或相近的论文

7.3 对学位论文中抄袭行为的认定（暂行）

- **轻度抄袭行为**
  - 正文总的文字重合比例大于5%，但小于15%；
  - 论文中某一章的文字重合比例大于15%，但小于25%；
  - 连续250字（含标点符号）完全相同且没有注明出处。
- **中度抄袭行为**
  - 正文总文字重合比例大于15%，但小于30%；
  - 某一章文字重合比例大于25%，但小于40%；
  - 某一章通篇复述他人文字、变换措辞使用他人的论点和论证，呈现他人的思路等且均不注明出处。
- **重度抄袭行为**
  - 正文总文字重合比例大于30%；
  - 某一章文字重合比例大于40%；
  - 通篇学位论文复述他人行文、变换措辞使用他人的论点和论证，呈现他人的思路等且均不注明出处；
  - 其他应当认定为构成严重抄袭行为的情况，如论文实质性内容的抄袭。

7.4 如何正确改写、总结以避免抄袭

➢ **不恰当改写，即使引用了相关文献，但是不符合恰当改写的要求，也会被认定为抄袭**

- ✓ **规则1**：必须标注在写作中使用到的所有来源，不管是改写、总结或引用。
- ✓ **规则2**：任何引自其他作者的内容都需要使用引号。
- ✓ **规则3**：总结时用自己的话概括，在不改变他人想法或事实的前提下，将大量的材料压缩成简短的段落或者是一句话。

（本节部分内容直接引自或改编自参考文献[5]。）

如何正确改写和总结以避免抄袭？ 示例

甘阳教授认为科研需要注意几个问题。（1）好奇心对于科研非常重要。没有好奇心或仅遵循所谓权威和老师的意见，不太可能取得意外发现，而历史证明意外发现往往是实现科学突破的重要方式。（2）批判性的思维对揭示未知问题非常重要。随大流、追热点、捧所谓前沿，不去深入细节、对比前人工作的优略、以自己的视角"俯视"他人的研究，如何能超越前人，做出有特色的工作？（3）持之以恒和系统性研究对揭示规律很重要。仅靠几个条件控制不好的数据如何能阐明规律？在即将突破的时候，认为实验太枯燥而放弃了，岂不等同于将成果拱手让人？（4）写作训练对展示成果、提升思维能力很重要。无法清晰、有逻辑性、简洁、准确地写作，文章很难发表，而且写作过程也是总结结果、反思已有实验、改进实验的重要环节。（甘阳，讲座杂志，2016：1，1）

本书作者虚构的一段文字，仅供示例改写用

甘阳教授认为<u>成功的科研需要注意：</u>（1）<u>好奇心的重要性，要注意意外发现能带来科学突破</u>；（2）<u>批判性思维的重要性，不要随大流、追热点、捧前沿</u>；（3）<u>持之以恒和系统性研究的重要性，不能几个数据阐明规律，而且即将突破的时候不能放弃</u>；（4）<u>写作训练的重要性，要清晰、有逻辑性、简洁、准确地写作</u>。（甘阳，讲座杂志，2016：1，1）

错误！

甘阳教授认为，要在科研上取得突破，需要保持好奇心、批判性地对待同行的工作、不轻易放弃、不断提升写作能力。（甘阳，讲座杂志，2016：1，1）

正确！

7.5 开题报告写作的心理建设

写作的作用

- ➤ 帮助自己整理思路、透彻理解文献主题、深入运用所学各种知识、提升自己的逻辑思维能力的过程。
- ➤ 使自己在学术上成长成熟，会有一种蜕变的感觉——从实验员到研究者。

时间管理很重要

- ➤ 要自律！为开题报告写作定一个截止日期，合理安排时间，每天完成任务
- ➤ 要尊重导师！写完报告后，留出给导师看的时间，让导师有时间对你的报告提意见和建议（如果你明天早上就要交，不能前一天晚上十点才给导师），这样你才有时间认真修改完善。

信心和写作的焦虑情绪

- ➤ 信心问题。你初当研究生，是研究生还是大五学生？你会质疑自己：我会做研究吗？我能行吗？
    - ✓ 要提升自己各方面的能力，建立自信心。
- ➤ 阅读文献的焦虑：为什么我看不懂呢？为什么文章里说得都很有道理呢？为什么我梳理不清楚呢？
    - ✓ 有的时候，的确是作者没写清楚。
    - ✓ 很多时候，是你读得不够多或没有相关的理论或实验知识背景或你读得不够细，没梳理出关键问题。
    - ✓ 恶补各种知识。阅读的时候，仔细读、反复读，别放过问题；放过了，答辩的时候、写文章的时候问题就会来"咬你一口"。

做研究的焦虑情绪

➢ 我为什么进度这么慢？我为什么做不出新东西？为什么导师对我不满意？

- ✓ 你的读研的动力是什么？你失去初心了吗？你尽力了吗？别人在读文献做实验的时候，你在追剧、打游戏、网购吗？你的时间安排好了吗？
- ✓ 导师的意见你听取了吗？系统的研究你都完成了吗？深入的分析你去尝试了吗？
- ✓ 以后的路，你定了吗？你想读博，还是工作？你知道不同选项对自己能力的要求吗？

如何与导师和同学打交道

➢ 有些导师会管得多，有些则不会。你要培养独立工作能力

➢ 你应该主动与导师交流和讨论，而尽量不是反过来

➢ 你的学位需要你自己去争取。你的导师会指导你，但是读研究生的是你而不是导师。如果你需要指导，就去主动问导师

➢ 要有团队意识。不要当别人的"猪队友"。己所不欲，勿施于人

研究生期间别太忙着发文章

- 匆忙写成的文章，投稿被拒稿的几率很大
- 即使偶然发表了，会坏了你的"口味"（尤其是准备读博的同学），以为"灌水"发文章也挺简单的嘛
- 大多数"灌水"文章的被引用数会很少，甚至不会被引用，对科学研究没有实质性贡献
- 要追求论文的质量，而不是数量
- 尽量发表精雕细琢、自己不会感到遗憾的文章

共　　勉

命定的局限尽可永在，

不屈的挑战却不可须臾或缺！

——史铁生《我与地坛》

第2篇 硕士学位论文开题报告范本

哈尔滨工业大学

硕士学位论文开题报告

题　目：图形化（100）单晶硅在四甲基氢氧化铵溶液中的蚀刻行为研究

院　　（系）　　化工与化学学院

学　　　科　　　化学工程

导　　　师　　　甘阳 教授

研　究　生　　　小小蚀刻先生

学　　　号　　　17S125***

开题报告日期　　2018-09-07

哈尔滨工业大学研究生院制

目　录

1　课题来源及研究的背景和意义 ··· 123
　1.1　课题的来源 ··· 123
　1.2　课题研究的背景和意义 ··· 123
2　国内外在该方向的研究现状及分析 ··· 124
　2.1　晶体硅太阳能电池的结构及工作原理 ··· 124
　2.2　陷光结构的减反射作用原理 ··· 125
　2.3　国内外文献综述 ··· 126
　　2.3.1　金字塔形减反射图形化硅衬底的制备和太阳能电池应用 ····················· 127
　　2.3.2　单晶硅在 TMAH 等溶液中的蚀刻行为研究进展 ····························· 129
　2.4　国内外文献综述简析 ··· 135
3　主要研究内容 ··· 136
4　已完成的研究内容 ··· 137
　4.1　圆孔形图形化 SiO_2 掩膜的制备与表征 ······································ 137
　4.2　圆孔硅衬底在质量分数为 1% 的 TMAH 溶液中蚀刻的形貌演变 ·················· 138
　4.3　图形结构侧壁暴露晶面的晶面指数的确定 ····································· 140
　4.4　TMAH 溶液质量分数对（100）晶面蚀刻速率的影响 ··························· 142
　4.5　小结 ··· 147
5　研究方案及进度安排，预期达到的目标和取得的研究成果 ························· 147
　5.1　研究方案 ··· 147
　5.2　进度安排 ··· 150
　5.3　预期达到的目标和取得的研究成果 ··· 150
6　为完成课题已具备和所需的条件及经费 ··· 150
7　预计研究过程中可能遇到的困难和问题，以及解决的措施 ························· 150
8　主要参考文献 ··· 151

1 课题来源及研究的背景和意义

1.1 课题的来源

本课题来源于国家自然科学基金重点项目"***关键基础科学问题研究"（项目编号：5********）。课题的研究目的是开发***方法、研究***规律、建立***模型、揭示***机理、提升***性能。

1.2 课题研究的背景和意义

人类面临化石燃料日渐短缺并耗尽的严峻挑战，开发可持续的新能源迫在眉睫。太阳能电池发电，能量来源为"免费"且"绿色"的太阳光，相比风能发电、潮汐能发电、燃料电池发电等，具有适用性强、装置简单、易于分布式使用等突出特点，是目前包括中国在内的世界各国重点发展的一种新能源技术，其开发已经取得了巨大进步[1]。目前，商业化的太阳能电池大部分仍然基于硅材料制成，包括单晶硅太阳能电池、多晶硅太阳能电池、多晶硅薄膜太阳能电池以及非晶硅薄膜太阳能电池[2]。其中，单晶硅太阳能电池虽然成本略高于多晶硅薄膜太阳能电池，但由于其光电转换效率高，仍然占据了全球太阳能电池市场的 1/3。

虽然单晶硅太阳能电池的制造技术经过了多年的发展已经比较成熟，但在提升电池转换效率、延长使用寿命及降低制造成本等诸多方面，仍然有持续提升的空间。太阳光 AM1.5 照射条件下，单晶硅太阳能电池的理论效率为 33%，目前非聚光式单节单晶硅太阳能电池的最高效率为 26.1%[3]。按粗略估计，光电转换效率每提高 1%，发电成本将降低约 7%。为了提升光电转换效率，应尽可能降低单晶硅衬底表面的光反射率：反射率越低，电池吸收的入射太阳光更多，效率也越高。未经处理的硅衬底表面光反射率高达 35%，工业上采用对硅衬底进行蚀刻处理在表面产生具有斜面微结构的方法——织构化或"绒化"处理，来增强表面"陷光"作用以降低反射率[4,5]。以（100）单晶硅衬底为例，经碱液中蚀刻的绒化处理后，硅衬底表面形成了大量斜面为（111）面的金字塔形微结构。绒面的陷光作用使入射光在绒面结构内多次反射和折射，提高了光进入下层硅衬底 PN 结被吸收的总吸收率，从而大幅降低了光的反射率并提升了光电转换效率[6-8]。

硅衬底在氢氧化钾（KOH）和四甲基氢氧化铵（TMAH）两种碱性溶液中的各向异性蚀刻行为的近期研究较多[9-11]。相比 KOH 溶液，使用 TMAH 溶液的优点是能避免钾离子的污染并降低硅衬底表面的粗糙度。尽管目前对 TMAH 溶液中低指数晶面的蚀刻行为的理解较深入[12,13]，但是关于硅衬底高指数晶面的晶面演变规律以及蚀刻机理仍不明确。其中一个问题是缺少对溶液浓度和蚀刻时间影响的系统研究，另一个问题是扫描电镜等传统表征手段难以便捷地测定表面微纳结构的三维尺寸[14, 15]。以上问题导致很难可控制备具有更低反射率的周期性陷光结构。

本论文以单晶硅太阳能用的（100）单晶硅衬底为材料体系，通过系统调控 TMAH 的溶液质量分数和蚀刻时间，并密切结合扫描电镜（SEM）和原子力显微镜（AFM）形貌表征，对圆孔和圆柱形图形化硅衬底的蚀刻行为进行深入、系统的研究，揭示表面微纳结构和晶面的形貌演变规律，精确确定蚀刻过程中暴露晶面的晶面指数和蚀刻速率，并探讨各晶面蚀刻速率差异对表面形貌演变的影响。本论文的研究结果将为可控制备具有复杂微结构的低反射率硅衬底提供理论指导。

2 国内外在该方向的研究现状及分析

本节简要介绍晶体硅太阳能电池的结构及工作原理，分析表面陷光结构对入射光的减反射作用原理，对代表性图形化硅衬底的制备及其器件和电池性能的相关文献进行综述，论述（100）单晶硅衬底在各种碱性蚀刻液中蚀刻行为的研究进展，最后指出目前存在的问题与挑战。

2.1 晶体硅太阳能电池的结构及工作原理

硅是第一代半导体材料，禁带宽度为 1.12 eV。对于单晶硅太阳能电池材料，1 200 nm 是其能吸收的太阳光谱中光波的波长上限（位于红外波段），低于该波长的光均被吸收，但是限于实际太阳能电池中一定厚度（数百微米）硅衬底对不同波长光波的吸收特性、表面缺陷对载流子有效分离的不利影响，以及更短波长光子的本征激发能力限制，硅太阳能电池吸收太阳光的有效波长范围为 300~1 100 nm，大部分位于可见光区。

常用的高效单结单晶硅太阳能电池结构如图 2-1①所示[16]。电池中从下向上依次为金属导电背电极、背面钝化层、背部 P 型局域扩散区、较厚 P 型硅基区层（简称为 P-基区，顶部蚀刻有倒金字塔形微结构）、N 型局域扩散区、较薄 N 型硅发射极层（简称为 N-发射区）、正面钝化层、减反射层（位于太阳光入射照射面）、金属导电栅电极。电池的主要制备工序为：清洗单晶硅片→蚀刻加工倒金字塔形微结构→硼和磷掺杂形成 PN 结→在 N 型发射层上表面制备减反射层→利用丝网印刷技术在上下表面制备栅电极和背电极。

注：①本篇引用的外文文献资料（含图片及表格）基本不做改动，对其中已不再使用的科技名词及量说明如下：wt%代表质量分数；ppt 为 $1×16^{-6}$，ppb 为 $1×16^{-9}$；M 表示 mol/L。

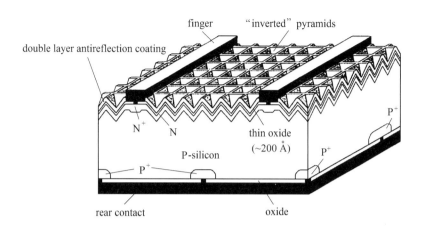

图 2-1 单结单晶硅太阳能电池结构 [16]

晶体硅太阳能发电的原理是硅半导体 PN 结的光伏效应。在 P-基区与 N-发射极的界面区形成 PN 结。由于 P-基区内空穴过剩而 N-发射极内自由电子过剩，在浓度差的驱动下，空穴会向 N-发射极迁移，而自由电子会向 P-基区迁移，PN 结两边各一薄层内形成了电子和空穴数量急剧降低的空间耗尽层，PN 结附近很快建立起一个由 N-发射极指向 P-基区的内电场，并最终达到稳态。有太阳光持续照射时，被捕获的能量高于硅带隙的有效光子激发硅原子的外层电子，电子跃迁后持续产生电子-空穴对分别注入 P-基区和 N-发射极，在内建电池的推动下，注入的自由电子和空穴反向移动并产生了持续的内电流：P-基区内注入的自由电子持续向 N-发射极迁移并最终到达栅电极，N-发射极内注入的空穴持续向 P-基区迁移并最终到达背电极栅电极，从而在电池两端产生电势差，该电势差可以推动电子在闭合的外电路流动，即发电并做电功。太阳能电池的光电转换效率定义为单位时间内外电路中产生的电子数与单色光入射光子数的比值。太阳光 AM1.5 照射条件下，单晶硅太阳能电池的理论光电转换效率为 33%。实际光电转换效率与光捕获效率、载流子（电子和空穴）注入量子效率以及载流子收集效率相关。如果后二者保持不变，光捕获效率越高，则光电转换效率越高。提升光捕获效率的一个重要方面是尽量增加入射光的吸收率并降低反射率。图 2-1 所示的减反射层就起到了降低入射光的光反射率的重要作用。目前优化后的非聚光式单节单晶硅太阳能电池的最高效率可达 26.1%[3]。

2.2 陷光结构的减反射作用原理

为了提升光电转换效率，应尽可能降低单晶硅衬底表面的光反射率：光反射率越低，电池吸收的入射太阳光更多，光电转换效率也越高。降低硅衬底表面光反射率的方法主要有增透膜减反射法和微结构减反射法两种。

（1）**增透膜减反射法** 利用增透膜减少光反射损失来增强透射光强度，即在硅衬底表面沉积一层厚度为入射光波长的四分之一除以折射率的薄膜，在该薄膜两个面上反射光的路程差恰好等于二分之一个波长而互相抵消[17]。常用的增透减反射涂层材料为 SiN_x：H 和 SiO_2。

（2）**微结构减反射法** 在硅衬底表面制备具有减反射能力的凸起/凹陷的图形化微结构，制备工艺包括化学腐蚀[18]、机械刻槽[19]、干法蚀刻[20]等。（100）单晶硅表面随机正金字塔形陷光结构的形貌图及其减反射作用原理示意图如图2-2所示。在常用的随机正金字塔形陷光结构中，正金字塔形凸起尖锐，大小不等的凸起无序交错，凸起底座尺寸为微米级。若一束入射太阳光从大气中沿衬底法线照射该衬底表面（迎光面），由于表面遍布尖锐的正金字塔形微结构，绝大部分入射光照射在凸起金字塔的斜面上如 1 号点位置，由于界面折射和表面反射作用，在 1 号点光线部分折射进入硅衬底内部，部分被反射并到达邻近斜面的 2 号点，在该点光线又有部分折射进入硅衬底内部、部分被反射至大气中[2]。因此，相比光滑的平衬底，有陷光结构的衬底对入射光产生了多次的折射、反射、再折射、再反射作用，实现了对入射光的更强吸收和更低反射；而具体的减反射性能则取决于减反射图形的形貌和尺寸[21]。

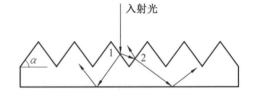

（a）SEM 形貌图　　　　　　　　（b）减反射作用原理示意图

图 2-2　（100）单晶硅表面随机正金字塔形陷光结构的形貌图及其减反射作用原理示意图[2]

2.3　国内外文献综述

依据上述原理可知，为了提升硅衬底对入射光的减反射能力，应该尽可能增加衬底表面微结构对入射光的折射和反射次数。因此处理（100）单晶硅衬底在表面形成具有高减反射能力的微结构，对提升单晶硅太阳能电池效率具有重要意义。

目前最常采用的陷光结构是金字塔形[22]，文献中也有硅纳米线阵列[23]、凹槽形[24]和棱台形[25]等图形化结构的报道。常用的蚀刻液是基于 NaOH、KOH 和 TMAH 等的碱性溶液[9-11, 26]。下面重点论述金字塔形图形化单晶硅衬底的制备及其电池性能研究进展，以及（100）硅衬底在各种碱性蚀刻液中的蚀刻研究进展，为后续分析目前存在的问题并提出相应的解决方案奠定基础。

2.3.1 金字塔形减反射图形化硅衬底的制备和太阳能电池应用

金字塔形微结构为单晶硅太阳能电池中最常用的绒面陷光结构，大量理论分析和实验结果均表明该结构能有效提升单晶硅太阳能电池的性能。根据金字塔形是凸起还是内凹，分为正金字塔形和倒金字塔形两种；依据排列的周期性，又可分为周期排列和随机排列金字塔形微结构。周期排列结构多采用光刻与湿法蚀刻相结合的工艺制备[27]，随机金字塔形微结构则可直接在碱性蚀刻液中蚀刻光滑单晶硅片获得[28]；近几年也有金属辅助化学蚀刻[29]或电化学蚀刻法制备的报道[30]。

Zhao 等[31]分析了绒面金字塔形微结构尺寸对单晶硅太阳能电池性能的影响规律。入射光的光反射率和电池效率随硅衬底上金字塔形微结构尺寸增加的变化曲线如图 2-3 所示，计算结果表明随着金字塔尺寸逐渐增加至 0.5 μm，对 300～1 100 nm 波长入射光的总反射率从平面衬底的 35%迅速降低至 10%（相应的光吸收率从 65%增加至 90%），相应的电池光电转换效率从 13.5%显著增加至 18.0%（衬底厚度大于 50 μm）；继续增加金字塔尺寸，总反射率基本保持不变，衬底层较厚电池的光电转换效率基本保持不变（18.5%），很薄的电池（厚度小于 15 μm）的光电转换效率继续缓慢增加但增幅不大。据此，作者建议应该精细调控金字塔形微结构的尺寸，针对不同厚度的硅衬底设计制备特定尺寸的金字塔形微结构；过大的金字塔尺寸不但无助于进一步提升性能，也会延长制备时间、增加成本，而且会增加金字塔的尖端在后续加工中被磨损的概率。另外，作者还分析了不同厚度图形化硅衬底上减反射 SiN_x：H 涂层的合适厚度。

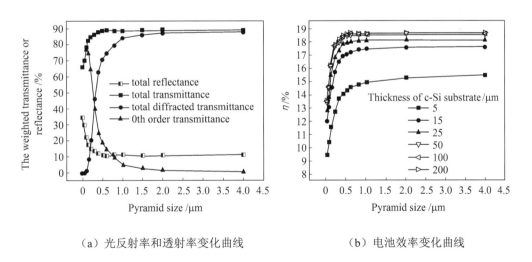

(a) 光反射率和透射率变化曲线　　(b) 电池效率变化曲线

图 2-3　入射光的光反射率、透射率及电池效率随硅衬底上金字塔形微结构尺寸增加的变化曲线[31]

Tang 等[32]综合研究了衬底厚度、表面亚微米尺寸的随机倒金字塔形微结构处理方法等因素对（100）单晶硅衬底的光吸收率的影响，结果如图 2-4 所示。作者发现了如下现象。第一，相比抛光的平面无金字塔形微结构衬底，对于不同厚度的衬底（43~118 μm），正反两面均有尺寸为 0.5 μm 的随机排列倒金字塔形微结构，衬底的平均光吸收率大幅提升，从 55%增加至 87%（75 μm 衬底结果），这一实验结果也证实了上面 Zhao 等的理论分析结果。第二，对于平面和有金字塔形微结构的两种衬底，厚度较厚（>75 μm）的衬底光吸收率增加变缓，而厚度过薄（<75 μm）的衬底光吸收率会显著降低波长大于 800 nm 的光吸收，影响了光吸收率的提升。得到的变化趋势与 Zhao 等的理论分析结果基本一致。第三，用金属 Ag 辅助催化化学蚀刻结合扩孔后处理的两步法制备的双面倒金字塔形微结构硅衬底，在 300~1 100 nm 全波长范围内，所有厚度衬底的平均光吸收率均优于用传统方法处理的双面倒金字塔形微结构硅衬底，180 μm 厚衬底的平均光吸收率优于用 Ag 金属辅助催化化学蚀刻一步法蚀刻的衬底。第四，用两步法制备的厚度为 43 μm 的最薄硅衬底，其平均光吸收率也略优于用传统方法制备的厚达 180 μm 的硅衬底。另外，新方法的优势还体现在如下两个方面：第一，扩孔后处理步骤消除了表面纳米级空洞，利于增强与上面覆盖的减反射涂层的结合力；第二，由于很薄的衬底也表现出较好的性能，所以在保证 85%光吸收率的条件下，所需材料的厚度仅为传统方法的 24%。

（a）蚀刻后衬底表面的 SEM 图像

（b）衬底的吸收光谱

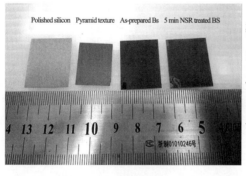

（c）几种样品的照片

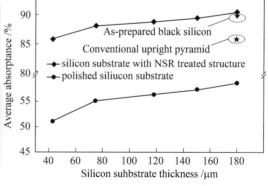

（d）衬底厚度对平均光吸收率的影响

图 2-4　双面随机倒金字塔形微结构（100）单晶硅衬底的形貌及处理方法对光吸收率的影响[32]

Zhou 等[33]比较研究了倒金字塔形微结构及增透减反射涂层协同作用对单晶硅太阳能电池性能的影响。采用光刻和 KOH 各向异性湿法蚀刻技术相结合的方法，在 20 μm 厚的薄膜单晶硅衬底上制备了尺寸为 1.0 μm、周期为 1.4 μm 的倒金字塔形阵列结构，比较了三种结构（迎光面蚀刻倒金字塔形阵列结构、背光面蚀刻倒金字塔形阵列结构和两面均蚀刻倒金字塔形阵列结构）及 SiN_x: H 和 SiO_2 增透减反射涂层对电池光电流密度的影响。如图 2-5 所示，迎光面蚀刻有 INP 的电池的光电流密度显著高于背光面蚀刻及平面无结构的电池，表面覆盖减反射涂层进一步增加了光电流密度，两面均蚀刻倒金字塔形阵列结构且覆盖 SiN_x: H 和 SiO_2 减反射涂层电池的性能最好，仅略低于该结构的理论极限值。该研究表明，将倒金字塔形微结构和增透减反射涂层结合，能更有效地降低反射率，从而提升单晶硅太阳能电池的性能。

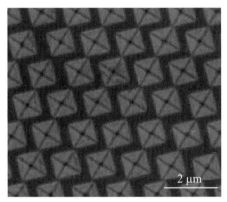
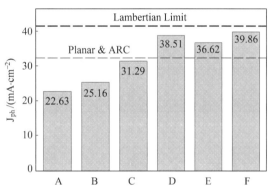

（a）倒金字塔形微结构 SEM 图　　（b）具有不同图形结构和的光电流密度对比

图 2-5　（100）单晶硅衬底上周期性倒金字塔形微结构的形貌图及几种结构和表面增透减反射涂层组合电池的光电流密度对比[33]

（A—平面无倒金字塔形阵列结构；B—背面有倒金字塔形阵列结构；C—迎光面有倒金字塔形阵列结构；D—迎光面有倒金字塔形阵列结构且覆盖了 SiN_x: H 减反射涂层（ARC）；E—双面均有倒金字塔形阵列结构且覆盖了 SiN_x: H 减反射层；F—双面均有倒金字塔形阵列结构且覆盖了 SiN_x: H+SiO_2 减反射层；- - -—Lambertian 理论极限值；----—A 结构且有减反射涂层的结果）

2.3.2　单晶硅在 TMAH 等溶液中的蚀刻行为研究进展

减反射图形化硅衬底制备的关键步骤是表面微结构的可控加工，最主要的加工方法是将平面硅衬底置于蚀刻液中进行湿法蚀刻处理。由于晶体硅结构的各向异性（如在碱液中（110）和（100）晶面远高于（111）晶面的蚀刻速率），控制蚀刻液的组成、浓度、温度等条件，以及前序掩膜光刻（制备周期性微结构）条件，是精准获得具有特定形貌、尺寸、微结构排列的图形化衬底的关键，也是图形化硅衬底制备的关键科学问题之一。（100）单晶硅在 NaOH、KOH、EDP、NH_4OH 和 TMAH 等碱性溶液中的各向异性蚀刻行为研究最多,在不同蚀刻液中的蚀刻行为各有特点[9-13]。评价各种蚀刻液性能的指标为:蚀刻的各向异性、相对 SiO_2 等的蚀刻选择性(蚀刻速率比)、易操作性(毒性、挥发性、热稳定性)、工艺相容性等。下面将详细论述文献中的相关研究结果。

(1) **在 NaOH 溶液中的蚀刻行为研究** NaOH 溶液是单晶硅各向异性蚀刻所用的传统碱性蚀刻液体系之一,其成本低,蚀刻速率快,早期应用广泛。田嘉彤等[26]研究了 (100) 晶向 P 型平面单晶硅在 NaOH 和乙醇混合溶液(溶液温度:80 ℃)中的随机金字塔形微结构形貌演变过程,其 SEM 形貌图如图 2-6 所示。

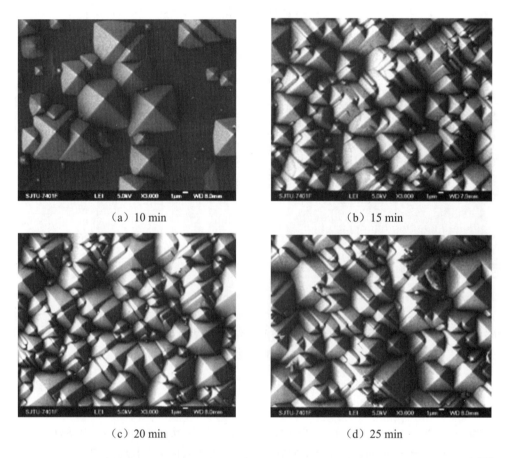

图 2-6 (100) 单晶硅在 NaOH 和乙醇混合液中蚀刻不同时间的金字塔形结构 SEM 形貌图[26]

蚀刻时间为 10 min 时,表面出现了少量的大小不一的金字塔形微结构,尺寸为 1~10 μm,观察到相邻的金字塔形微结构的穿插现象。蚀刻至 15 min 时,表面基本均被金字塔形微结构覆盖并连成片,少见底宽大于 6 μm 的金字塔。蚀刻时间为 20 min 时,表面完全被金字塔形微结构覆盖,大部分金字塔形微结构的尺寸为 3~5 μm。继续蚀刻至 25 min 时,初看与 20 min 的差异不大,仔细观察发现尺寸大于 6 μm 的金字塔形微结构数量增加,原因是相邻金字塔形微结构合并。该研究结果表明,用 NaOH 蚀刻液制备微结构尺寸较均匀的随机金字塔形微结构衬底,控制蚀刻时间很重要。

（2）在 KOH 溶液中的蚀刻行为研究 　　单晶硅蚀刻所用的传统碱性蚀刻液体系中，KOHk 溶液比 NaOH 溶液更容易实现低温蚀刻，各向异性调控性更优，所以近期应用越来越广泛。

Tanaka 等[34]研究了（100）单晶硅衬底方孔在不同质量分数 KOH 溶液中的表面倒四棱台状图形的形貌和晶面演变规律。如图 2-7 所示，质量分数很低时，倒棱台的底部粗糙且棱台侧面结构不规则；随着溶液 KOH 质量分数增大，蚀刻速率增加，倒棱台底部更加光滑，倒棱台结构逐渐趋于规整。作者还研究了表面活性剂 Triton-X-100（聚乙二醇辛基苯基醚）作为添加剂对表面形貌的影响，发现添加剂质量分数越高，棱台底面越光滑。该影响对中低质量分数 KOH 溶液的蚀刻作用效果更显著。KOH 质量分数为 48%、添加剂体积分数为 0.1%时，倒棱台底面面积最小，蚀刻速率最高。该研究表明 KOH 蚀刻剂质量分数和表面活性剂质量分数均会显著影响（100）晶向图形化单晶硅衬底的图形形貌演变和蚀刻速率。

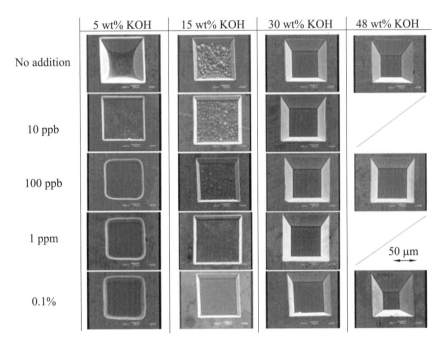

图 2-7　（100）晶向方孔图形化硅衬底在添加不同体积分数 Triton-X-100 表面活性剂的质量分数为 5%～48% KOH 蚀刻液中蚀刻不同时间的 SEM 形貌图[34]

Zubel[35]研究了圆孔和圆柱形图形化（100）单晶硅衬底在 KOH 溶液中蚀刻的形貌和晶面演变规律，并关注了异丙醇（IPA）添加剂的影响，结果见表 2-1。

表 2-1　圆孔和圆柱形图形化（100）单晶硅衬底在不同质量分数 KOH 溶液及 KOH 和 IPA 混合溶液中蚀刻出现的不同晶面的类型及形貌轮廓[35]

Etchants	Etching parameters	Holes		Islands	
		$[h10]_{h=2,3,4}$	[100]	$[h10]_{h=2,3,4}$	[100]
KOH	7.5~10 M 70~90 ℃	—	(100)	(211), (221) (311), (331) (411), (441)	(100)
	15 M 60 ℃	—	(100)	(211) (311) (411)	(100)
KOH + IPA	3~10 M 60~80 ℃	(221) (331) (441)	(110)	(221) (331) (441)	(110)
	3~10 M 60~80 ℃	—	(100) (110)	(211), (221) (311), (331) (411), (441)	(100) (110)

通过调控初始图形形状和蚀刻条件（KOH 溶液的质量分数、温度及添加剂的加入与否），Zubel 还制备出了由低指数和高指数晶面——{100}、{111}、{110}、{221}、{331}、{441}、{211}、{311}、{411}组成的正八棱台、八棱锥、倒八棱台和倒金字塔形等多种结构。另外，发现在相同的蚀刻条件下，圆柱形图形具有更多样的晶面和形貌演变路径。作者认为不同条件下各晶面蚀刻速率的差异可以解释上述现象，但是并没有定量确定各晶面的蚀刻速率。

（3）**在 TMAH 溶液中的蚀刻行为研究**　　与传统的 KOH 溶液相比，TMAH 溶液用于蚀刻时具有减少钾离子污染、蚀刻速率随蚀刻时间延长保持不变（可控性好）、蚀刻的硅衬底表面粗糙度低等优点[10,11]，也比 NH_4OH 溶液的热稳定性稳定好，近年来得到了更多的关注，研究者开始研究单晶硅在 TMAH 溶液中的蚀刻行为。Smiljanić 等[14]研究了图形化硅衬底在质量分数为 25% 的 TMAH 溶液中的形貌和晶面演变，发现通过改变方形掩膜的对准方向和蚀刻时间可以调控图形的形貌和暴露的晶面。如图 2-9 所示，当方形掩膜与在[110]和[100]晶向对准时，随着蚀刻的进行形成了八棱台和十二棱台结构，而将方形掩膜与[610]高指数晶向对准时，则形成了四棱台和金字塔形微结构。此外，确定了不同微结构侧面高指数晶面的晶面指数为{211}、{311}、{301}、{401}和{611}等。该研究的贡献在于：提示掩膜对准方向对蚀刻形成的微结构形貌有很大影响，指出了一种通过改变掩膜对准方向来精细调控蚀刻微结构形貌的策略。但是该研究没有定量确定图形形貌演变与蚀刻时间关系，也没有确定各晶面的蚀刻速率。

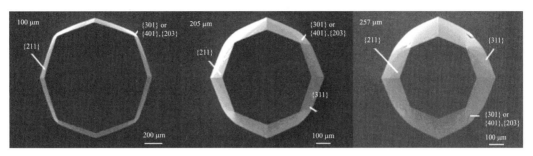

（a）掩膜与[110]晶向对准

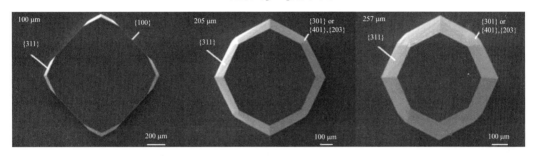

（b）掩膜与[100]晶向对准

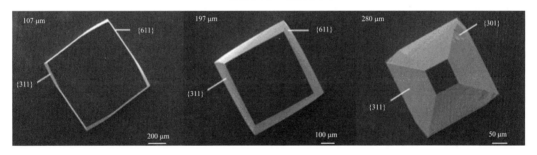

（c）掩膜与[610]晶向对准

图 2-9　方形掩膜与不同晶向对准的（100）晶向图形化硅衬底在质量分数为 25% TMAH 溶液中的蚀刻图形的 SEM 形貌图[14]

详细对比文献中[14, 36-40]报道的单晶硅在 TMAH 溶液中的蚀刻行为研究结果，见表 2-2。为了便于对比，将各文献中的实验变量和主要蚀刻行为研究结果进行了分类：材料特性（掺杂类型和单晶硅取向）、硅片尺寸及掩膜形状和尺寸、蚀刻液（TMAH）的质量分数、蚀刻温度、蚀刻时长、测到了蚀刻速率的晶面类型、晶面指数及蚀刻反应活化能、蚀刻速率表征方法等。从中可以发现，大部分研究者关注的是几个低指数晶面的蚀刻速率的测定，而不是晶面演变规律；Smiljanić 等[14]虽然研究了晶面演变规律，但所用溶液的质量分数和温度变化均很单一；缺少联用不同的分析测试方法来交叉检验晶面指数和蚀刻速率准确性的报道，如 Tabata 等[36]和 Steinsland[39]等均自认为其报道的（111）晶面蚀刻速率的测定误差大。

表 2-2 文献中报道的单晶硅在 TMAH 溶液中的蚀刻行为结果对比

掺杂类型和单晶硅取向/(电阻率/Ω·cm)	硅片尺寸及掩膜形状和尺寸	TMAH 溶液质量分数/%	蚀刻温度/℃	蚀刻时长/min	是否研究了形貌随时间演变规律	测到了蚀刻速率的晶面类型	晶面指数及蚀刻反应活化能	蚀刻速率表征方法	作者，发表年[参考文献号]
N 型 (100) (30~50)	未知；方孔 2.5 mm	5~40	60, 70, 80, 90	90	否	(100), (111) (误差较大), (110)	(100); 0.51~0.75 eV, (101); 未知, (110); 0.4 eV	光学显微镜	Tabata 1992[36]
P 型 (100) (4~6)	未知；圆，方孔 200 μm	5~25	70, 80, 90	60	否	(100), (110), (331)	无	轮廓仪	Zubel 2001[37]
P 型 (100) (2~20)	4 cm²; 方孔 3 mm	23~32	50, 60, 70, 80, 90	10	否	(100)	0.5~0.64 eV (低掺杂), 0.63~0.71 eV (高掺杂)	轮廓仪	Steinsland 1996[38]
P 型 (100) (3 800~4 000) P 型 (111) (4 875~8 125)	1 cm²; 硅片直接蚀刻	5~35	30~100	未知	否	(100), (111) (误差大), (110)	(100); 0.54~0.59 eV, (111); 0.53~0.54 eV, (110); 0.50~0.54 eV	激光反射干涉仪	Steinsland 2000[39]
P 型 (110) (5~10)	未知；方柱和方孔~500 μm	25	80	560	是	{100}, {211}, {331}, {311}, {301}, {111}, {111}, {221}, {311}, {411}	无	SEM，具体细节未知	Smiljanić 2012[40]
P 型 (100) (1~5)	7.62 cm 全晶圆; 方柱和方孔~500 μm	25	80	50~650	是	{511}, {611}, {711}, {811}, {911}	无	SEM，具体细节未知	Smiljanić 2019[14]

2.4 国内外文献综述简析

在 2.3 节的文献综述中,分析了晶体硅表面陷光结构对入射光的减反射作用原理及其提升太阳能电池性能的机制,并对几种图形化陷光减反射硅衬底的制备及其电池性能的研究进行了较全面的综述,重点分析了(100)单晶硅衬底在 TMAH 等各种碱性蚀刻液中蚀刻行为的研究进展。现将文献中的主要发现和观点进行归纳总结,并重点指出目前存在的问题和挑战。

(1)**主要发现和观点的归纳总结**　　提升单晶硅太阳能电池光电转换效率的一个重要途径是增加对入射光的捕获能力,即尽量增加入射光的吸收率并降低光反射率。构筑表面织构化的减反射绒面层,是除了表面覆盖光增透膜法以外的很重要的降低光反射率的方法。单晶硅表面经绒化或织构化处理后,反射率可从平面硅的 35% 大幅降低至 10%。进一步构筑具有更高减反射能力的微结构,对提升单晶硅太阳能电池的效率具有重要意义。文献结果表明,通过精细调控金字塔形微结构的形貌和尺寸,针对不同厚度的硅衬底设计构筑具有特定尺寸的金字塔形微结构,将金字塔形微结构和 SiN_x: H 增透减反射涂层相结合,能用更薄的硅衬底实现与厚衬底相当甚至更低的光反射率。

将平面(100)单晶硅衬底置于 NaOH 溶液、KOH 溶液和 TMAH 溶液等碱性蚀刻液中进行各向异性蚀刻,是构筑金字塔形微结构减反射图形化硅衬底的主要方法。单晶硅在 NaOH 溶液、KOH 溶液中的蚀刻行为研究表明,控制蚀刻液的组成(包括蚀刻剂含量和表面活性剂等添加剂的含量)、浓度、温度、蚀刻时间等条件,以及前序掩膜光刻的形状、尺寸和对准方向等条件,是精准制备具有特定形貌、尺寸、微结构排列的图形化衬底的关键。与传统的无机碱蚀刻液相比,TMAH 溶液用于蚀刻时具有一系列优点,已有图形化硅衬底在 TMAH 溶液中的微结构的形貌和晶面演变的研究报道。

(2)**存在的问题与挑战**　　图形化硅衬底在 KOH 溶液中的蚀刻行为研究已较为系统,但使用 KOH 溶液后其表面残留钾离子,会对电池的性能造成不利影响。使用 TMAH 溶液可避免此问题,TMAH 溶液有希望在硅太阳能电池领域得到推广应用。但目前图形化硅衬底在 TMAH 溶液中蚀刻行为研究存在如下问题。

① 研究的系统性不够。未深入、系统地研究图形化硅衬底在 TMAH 溶液中的形貌演变规律,缺少暴露晶面指数的系统数据和各晶面蚀刻速率的定量数据。

② TMAH 溶液低质量分数的蚀刻数据缺乏。缺少 TMAH 溶液的质量分数和蚀刻时间对图形化硅衬底形貌演变和各晶面蚀刻速率影响的数据。目前文献中对圆孔或圆柱形图形化硅衬底的蚀刻行为研究,基本仅针对常用的 TMAH 质量分数为 25% 这一条件,缺少对低质量分数 TMAH 溶液中的晶面和形貌演变的研究。

③ 对图形形貌演变的规律性认识不深入。缺少晶面蚀刻速率影响图形形貌演变的规律性认识,难以解释和预测在不同蚀刻条件下不同图形的演变规律。

④ 晶面蚀刻速率和晶面指数测定不准确。仅采用轮廓仪和 SEM 等确定蚀刻深度和

蚀刻速率，并据此推测暴露晶面的晶面指数，难以获得完整准确的图形侧面轮廓信息，导致很难快速、准确地测定各晶面的蚀刻速率和晶面指数。

3　主要研究内容

针对上述问题，将系统研究具有最简单图形结构（圆孔和圆柱形）的周期性图形化（100）单晶硅衬底在 TMAH 溶液中蚀刻的蚀刻行为，为以后制备具有低反射率高光电转换效率的单晶硅太阳能电池提供重要基础数据和理论参考。

（1）圆孔图形化硅衬底的形貌和暴露晶面的蚀刻演变规律研究　系统研究具有微米级圆孔形结构的周期性图形化硅衬底在 TMAH 溶液中的图形形貌和暴露晶面的演变规律。建立图形形貌和暴露晶面的演变规律是蚀刻行为研究的基础，也将为后面的蚀刻动力学研究提供准确的晶面信息和形貌变化的定性依据。在硅衬底上制备具有周期排列的圆孔形 SiO_2 掩膜，通过改变 TMAH 溶液质量分数和蚀刻时间，综合运用 SEM 和 AFM 表征技术，准确测定图形的几何尺寸，定量确定晶面的晶面指数，详细分析并揭示圆孔形图形化硅衬底的图形表面形貌和暴露晶面的演变规律。在不同蚀刻条件下，测定图形结构侧壁上暴露的一系列晶面与（100）晶面的夹角，确定这些面是否为具有特定晶面指数的晶面。确定是晶面后，通过详细分析衬底上图形结构的几何尺寸，准确确定暴露晶面的晶面指数。

（2）圆孔图形化硅衬底的蚀刻动力学研究　蚀刻速率是研究晶面蚀刻动力学的最重要参数。不同晶面蚀刻速率的高低，代表了不同晶面蚀刻的难易程度，其中的根本原因是不同晶面的表面结构有差异。所以，研究暴露晶面的蚀刻动力学，对揭示图形化单晶硅衬底在 TMAH 溶液中的蚀刻机理具有非常重要的意义，是蚀刻行为研究的重要方面。先确定（100）晶面在不同质量分数 TMAH 溶液中的蚀刻速率，然后通过测定其他各晶面相对（100）晶面的法向蚀刻深度和夹角确定它们的蚀刻速率，最后根据各晶面蚀刻速率的相对大小讨论图形的形貌演变规律。

（3）圆柱图形化硅衬底的蚀刻行为研究　系统研究具有微米级圆柱形结构的周期性图形化硅衬底在 TMAH 溶液中的蚀刻行为。类似圆孔形图形化硅衬底，通过改变 TMAH 溶液质量分数和蚀刻时间，运用 SEM 和 AFM 准确测定图形的几何尺寸，定量确定晶面的晶面指数，详细分析并揭示圆柱形图形化硅衬底的图形表面形貌和暴露晶面的演变规律。在不同蚀刻条件下，测定图形结构侧壁上暴露的一系列晶面与（100）晶面的夹角，通过详细分析衬底上图形结构的几何尺寸，准确确定暴露晶面的晶面指数。在蚀刻动力学研究方面，通过测定其他各晶面相对（100）晶面的法向蚀刻深度和夹角来确定各自的蚀刻速率，最后根据各晶面蚀刻速率的相对大小讨论图形的形貌演变规律。

（4）圆孔和圆柱形图形化硅衬底的蚀刻行为对比研究　详细对比圆孔和圆柱形结构的周期性图形化硅衬底在 TMAH 溶液中的蚀刻行为，更深入地揭示图形化硅衬底的表面结构差异对图形表面形貌和暴露晶面演变影响的规律。

4　已完成的研究内容

制备了表面覆盖圆孔形图形化 SiO_2 掩膜的硅衬底,并将其置于质量分数为 1% 的 TMAH 溶液中进行不同时间的蚀刻处理;用 SEM 及 AFM 准确测定了硅衬底上各种图形结构的几何参数;确定了暴露晶面的晶面指数;确定了不同质量分数 TMAH 溶液中各晶面的蚀刻速率,为进一步揭示蚀刻速率决定图形形貌演变的规律奠定了基础。

4.1　圆孔形图形化 SiO_2 掩膜的制备与表征

利用标准光刻工艺,在硅衬底上制备了标称直径为 5.0 μm、周期为 13.1 μm(掩膜板的尺寸)的圆孔形图形化 SiO_2 掩膜。如图 4-1 所示,发现制备的 SiO_2 掩膜圆孔规整,孔径和周期一致。周期为 13.1 μm 与标称值符合。实测孔径大于标称值,顶部为 5.9 μm,逐渐减小至底部的 5.4 μm,表明 SiO_2 掩膜孔侧壁倾斜,分析认为是去除光刻胶过程中缓冲氧化物蚀刻(Buffered Oxide Etch,BOE)溶液对 SiO_2 的蚀刻所致。SEM 截面图和 AFM 轮廓分析均确定 SiO_2 掩膜孔深度为 400 nm。

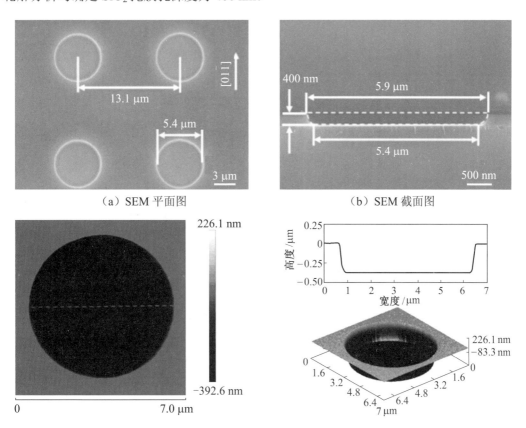

(a)SEM 平面图　　(b)SEM 截面图

(c)AFM 形貌图、线轮廓图和三维图

图 4-1　硅衬底上圆孔形图形化 SiO_2 掩膜的 SEM 和 AFM 形貌图及圆孔几何尺寸测试结果

4.2 圆孔硅衬底在质量分数为1%的TMAH溶液中蚀刻的形貌演变

将覆盖有圆孔形图形化 SiO_2 掩膜的硅衬底置于质量分数为 1% 的 TMAH 溶液中蚀刻不同时间,直到图形形貌不再发生变化,将样品置于 BOE 溶液中蚀刻 120 s 去除 SiO_2 掩膜并清洗后进行 SEM 和 AFM 表征,研究蚀刻时间图形形貌演变规律的影响。

详细研究了蚀刻时间(1~8 min)对衬底上图形形貌的影响,结果如图 4-2 和图 4-3 所示。

蚀刻时间为 1 min 时,如图 4-2(a)所示,衬底上在 SiO_2 掩膜孔位置观察到类圆孔形结构,孔底面粗糙。仔细观察发现,该结构的侧壁由 4 种具有四重旋转对称性的面组成——C_1 和 C_2 为弧面、C_3 为平面、C_4 面积太小不确定,孔底面的凸起为 200~500 nm 的金字塔形。AFM 表征表明,孔深为 0.52 μm,C_1~C_4 面与底部(100)晶面间的夹角分别为 53.2°、45.0°、54.6° 和 35.1°。文献报道[41]了该类圆孔形结构成因:一是蚀刻过程中 SiO_2 掩膜孔的掩膜遮挡作用,二是蚀刻液对底面(100)晶面的蚀刻较对侧壁(111)晶面的蚀刻快。

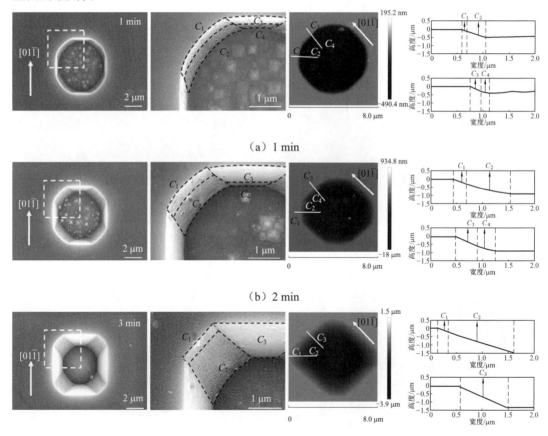

(a) 1 min

(b) 2 min

(c) 3 min

图 4-2 在质量分数 1% 的 TMAH 溶液中蚀刻 1~3 min 的圆孔形硅衬底的 SEM 形貌图、AFM 形貌图及图形结构侧壁面的 AFM 线轮廓图

蚀刻时间延长至 2 min 时，如图 4-2（b）所示，类圆孔形结构演变为倒八棱台结构，深度增加至 1.02 μm，底面金字塔形凸起数量减少。侧壁面积显著增大，其中 C_2 面和 C_3 面在深度方向扩张，而 C_1 和 C_4 面收缩；C_3 和 C_4 面横向扩张而 C_1 和 C_2 面收缩。AFM 表征表明，4 个面与（100）晶面间的晶面夹角保持不变。

蚀刻时间为 3 min 时，如图 4-2（c）所示，倒八棱台的深度增至 1.51 μm，底面面积继续减小，底面金字塔形凸起基本消失。顶部开口边长和侧壁面积均增大，侧壁上的 C_2 和 C_3 面持续扩张，C_1 面收缩，C_4 面消失。AFM 表征表明，3 个面与底面的夹角仍然保持不变。

蚀刻时间为 5 min 时，如图 4-3（a）所示，倒八棱台深度和侧壁面积显著增大，底面的面积持续缩减。仔细观察发现，相邻的 C_2 面在底部连接在一起，C_3 面呈类倒三角形。

蚀刻时间达到 7 min 时，如图 4-3（b）所示，C_1 和 C_2 面显著收缩，底面消失，图形演变为倒八棱锥结构，深度为 3.44 μm。

蚀刻时间为 8 min 时，如图 4-3（c）所示，C_1 和 C_2 面消失，侧壁完全由 C_3 面占据，图形演变为由 C_3 面组成的倒金字塔形结构。AFM 表征结果表明，C_3 面与（100）晶面的夹角仍保持为 54.6°，即在整个蚀刻过程中不变。倒金字塔的深度仍然为 3.44 μm。更长时间蚀刻结果表明，倒金字塔形的形状保持不变，但上部开口尺寸持续增加，原因是 C_3 面发生了持续蚀刻[46]。

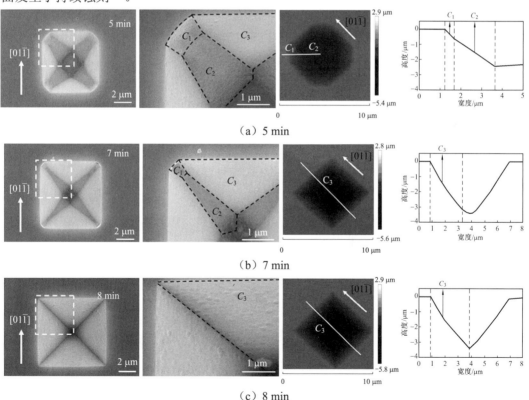

图 4-3　在质量分数为 1% 的 TMAH 溶液中蚀刻 5～8 min 的圆孔形硅衬底的 SEM 形貌图、AFM 形貌图及图形结构侧壁面的 AFM 线轮廓图

综上所述，在低浓度（质量分数为1%）TMAH溶液中蚀刻时，衬底上掩膜圆孔处先形成类圆孔形结构，其侧壁面由C_1弧面、C_2弧面、C_3平面及C_4面4种面组成；随着蚀刻持续进行，侧壁除C_3面以外其他面的面积逐渐缩减，类圆孔形结构逐渐演变为倒八棱台结构、倒八棱锥结构，深度逐渐增加，最后在蚀刻7 min时形成了侧壁全为C_3面的倒金字塔形结构。

将该结果与文献结果比较，可以发现文献中仅报道了高质量分数TMAH的较长时间蚀刻行为，也仅发现了倒八棱台、倒四棱台和倒金字塔形结构[12, 43]。而本研究发现，在低质量分数条件下形成了类圆孔和倒八棱锥图形结构，这些结构尚没有被报道过，这一发现丰富了对单晶硅衬底TMAH溶液中的蚀刻行为的认识和理解。下面将通过测定各暴露面的方向和几何尺寸确定其晶面指数，为后续确定各晶面的蚀刻速率奠定基础。

4.3 图形结构侧壁暴露晶面的晶面指数的确定

在不同蚀刻条件下，发现图形结构侧壁上暴露的一系列$C_1 \sim C_5$面均为与（100）晶面和[01$\bar{1}$]晶向的夹角不相等且恒定，可以确定这些面均为具有特定晶面指数的晶面。通过详细分析衬底上图形结构的SEM及AFM几何信息，确定了暴露晶面的晶面指数。

下面以C_2晶面为例，说明侧壁暴露晶面的晶面指数的确定方法。如图4-4所示，选择在质量分数为1%的TMAH溶液中蚀刻5 min的倒八棱台图形结构的SEM形貌图为模型，参考方向为已知的（100）单晶硅的参考边晶向以及掩膜板对齐方向，几何尺寸数据来源于AFM表征结果（C_5晶面较特殊，需要用SEM截面表征结果）。根据参考方向，由已知的[010]晶向与C_2晶面的几何关系可以初步确定其晶面指数为$\{hk0\}$[42]。随后绘制所示倒八棱台结构的三维模型，令x、y、z轴分别平行于[100]、[010]、[001]晶向，则C_2晶面平行于z轴，分析AFM表征结果可以准确确定C_2晶面在x和y轴上的截距分别为-1.82 μm和1.82 μm。据此得到C_2晶面与x、y、z轴截距值比值为-1∶1∶∞，可确定C_2晶面的晶面指数为$\{\bar{1}10\}$。

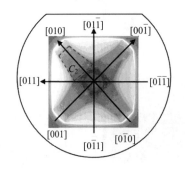
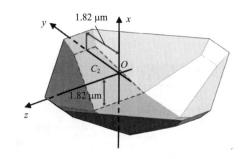

（a）SEM形貌图及已知晶向　　（b）三维模型及C_2晶面与x、y轴的截距值

图4-4 侧壁暴露C_2晶面的倒八棱台结构的SEM形貌图及对应的三维几何模型

为了验证所得的晶面指数准确性，先基于面心立方晶系的晶面夹角公式计算该晶面与（100）晶面的夹角，再与 AFM 的实测夹角值对比，确认是否相等。若计算值和实测值相等，就进一步确认了所得晶面指数的正确性。晶面夹角公式为

$$\varphi = \cos^{-1} \frac{h_1 h_2 + k_1 k_2 + l_1 l_2}{\sqrt{(h_1^2 + k_1^2 + l_1^2)(h_2^2 + k_2^2 + l_2^2)}} \qquad (4-1)$$

式中　h_i、k_i、l_i——所测晶面的晶面指数（$i=1$）及（100）晶面的晶面指数（$i=2$）；

　　　φ——所测晶面与（100）晶面的夹角。

仍以 $C_2\{1\bar{1}0\}$ 晶面为例，由公式（4-1）计算 $\varphi=45.0°$，与 AFM 的测定结果相同，由此可以确认所得晶面指数的正确性。

基于上面的方法，准确确定了其他 C_1、C_3、C_4 晶面的晶面指数分别为 $\{340\}$、$\{\bar{1}\bar{1}1\}$、$\{2\bar{1}\bar{1}\}$。C_5 晶面较为特殊：C_5 晶面在侧壁上内陷，无法用 AFM 观测到，需要单独用 SEM 截面表征以获得其几何尺寸。选用质量分数为 25% 的 TMAH 溶液中蚀刻 1 min 后的硅衬底，用 SEM 观测倒八棱台结构的横截面，测定 C_5 面与（100）晶面间的夹角为 94.1°，结果如图 4-5 所示。然后用上面的方法，可以确定 C_5 晶面的晶面指数为 $\{1\,14\,0\}$。

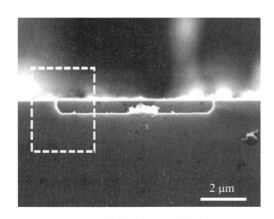
（a）横截面 SEM 形貌图

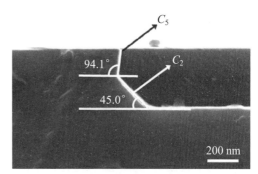
（b）左图中框区部分的局部放大图

图 4-5　硅衬底在 25%TMAH 溶液蚀刻 1 min 后的倒八棱台图形结构横截面的
SEM 形貌图和局部放大图

目前，文献中报道的圆孔形图形化硅衬底在 TMAH 溶液中蚀刻后侧壁暴露的晶面种类，仅有 $\{\bar{1}10\}$ 和 $\{\bar{1}\bar{1}1\}$ 两种[42]，本研究所发现的 $\{2\bar{1}\bar{1}\}$、$\{340\}$ 和 $\{1\,14\,0\}$ 晶面还未见报道。原因是文献中所用 TMAH 溶液的质量分数多为 25%[36]，但本研究的结果表明，TMAH 质量分数越高，$\{2\bar{1}\bar{1}\}$ 和 $\{340\}$ 晶面存在时间越短甚至不形成；因此，只有在 TMAH 质量分数较低或仔细观测短时间蚀刻的样品时，才有可能捕捉到这些晶面存在的证据；而对于 $\{1\,14\,0\}$ 晶面，由于其在侧壁上内陷而且与底面的倾角仅略大于 90°，文献中没有仔细

地进行截面 SEM 表征，错误地认为其与底面垂直而认定为{100}晶面[14, 35]。因此，本节的研究结果纠正了文献中的错误结论，有助于全面、正确认识单晶硅衬底在 TMAH 溶液中的蚀刻行为。

在以上工作的基础上，下面将详细研究各暴露晶面的形状随蚀刻时间的变化，确定各晶面的蚀刻速率，结果将提供蚀刻动力学方面的重要数据。

4.4　TMAH 溶液质量分数对（100）晶面蚀刻速率的影响

前面已经发现，圆孔形图形化单晶硅衬底在 TMAH 溶液中蚀刻，出现的各晶面的扩张或收缩的快慢程度有差异，但当时仅限于定性考察，并没有定量确定和比较各晶面的蚀刻速率。首先，先对暴露晶面的蚀刻速率加以定义：某晶面的蚀刻速率（V），是指在单位时间（t）内衬底在沿该晶面法线方向被蚀刻去除掉的材料的厚度（Δd）。蚀刻速率是研究晶面蚀刻动力学的最重要参数。不同晶面蚀刻速率的高低，代表了不同晶面蚀刻的难易程度，其中的根本原因是不同晶面的表面结构有差异。所以，研究暴露晶面的蚀刻动力学，对揭示更深层次的图形化单晶硅衬底在 TMAH 溶液中的蚀刻机理具有非常重要的意义，是蚀刻行为研究的重要方面。研究中已经确定了作为基准的（100）晶面在不同质量分数的 TMAH 溶液中的蚀刻速率，后续将通过测定其他各晶面相对（100）晶面的 Δd 和夹角确定这些晶面的蚀刻速率。

将圆孔形图形化硅衬底在不同质量分数的 TMAH 溶液中蚀刻一定时间后，取出样品除去表面的 SiO_2 掩膜后，用 AFM 测定蚀坑底面和顶面间的高度差。由于底面为（100）晶面，顶面为未蚀刻的（100）晶面，高度差即为（100）晶面在该蚀刻时间段内的 Δd。例如，如图 4-6 所示，圆孔形图形化硅衬底在质量分数为 1% 的 TMAH 溶液中蚀刻 1 min 后，AFM 测定结果表明 Δd 为 520 nm。类似地，测定得到（100）晶面在质量分数为 1%～25%的 TMAH 溶液中蚀刻 1～5 min 时间的所有 Δd 值，见表 4-1。

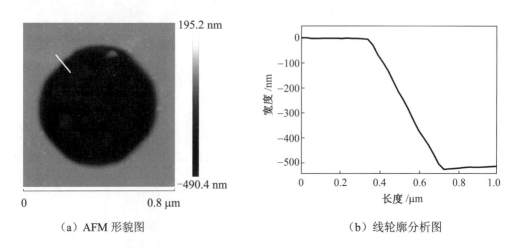

(a) AFM 形貌图　　　　　　　　　　(b) 线轮廓分析图

图 4-6　圆孔形图形化硅衬底在质量分数为 1%的 TMAH 溶液中蚀刻 1 min 的 AFM 形貌图和线轮廓分析图

表 4-1 （100）晶面在质量分数为 1%～25%的 TMAH 中蚀刻 1～5 min 的 Δd 值

质量分数/%	不同蚀刻时间的 Δd/nm				
	1 min	2 min	3 min	4 min	5 min
1	520	1 020	1 542	2 094	2 545
5	514	974	1 463	1 953	2 435
10	509	970	1 440	1 890	2 300
15	507	964	1 346	1 740	2 254
20	435	793	1 196	1 569	1 942
25	277	545	783	1 053	1 293

基于上表中的数据，将 Δd 与蚀刻时间作图，结果如图 4-7 所示，可以发现 Δd 与蚀刻时间均呈线性关系，线性拟合的相关系数高，表明各质量分数的 TMAH 溶液的蚀刻速率在 1～5 min 内保持不变。拟合得到的各直线的斜率即为各质量分数的 TMAH 溶液的蚀刻速率。

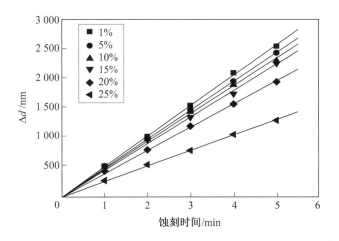

图 4-7 （100）晶面在 70 ℃的质量分数为 1%～25%的 TMAH 溶液中的 Δd 与蚀刻时间关系图

再将蚀刻速率与 TMAH 质量分数作图，结果如图 4-8 所示。由图可知，溶液中 TMAH 质量分数越高，（100）晶面的蚀刻速率越低，质量分数为 1%时为 512 nm/min，质量分数为 25%时为 254 nm/min。需要注意，在质量分数为 1%～25%范围内，蚀刻速率并不是线性降低，质量分数为 1%～20%时的蚀刻速率呈近似线性降低，质量分数为 25%时降幅增加。

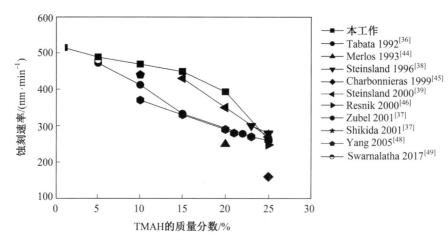

图 4-8 （100）晶面在 70 ℃的质量分数为 1%～25%的溶液中的蚀刻速率与质量分数关系图
（也给出了文献中的数据[36-39, 44-49]）

目前，文献中有一些（100）晶面蚀刻速率随 TMAH 质量分数变化的报道，下面的几组数据较为系统：如 Tabata 等[36]研究了在质量分数为 5%～40%的 TMAH 溶液中的蚀刻速率，Zubel 等[37]研究的质量分数为 10%～25%，Steinsland 等[39]研究的质量分数为 5%～35%；还有几组数据的质量分数条件较单一[44-49]。通过分析读取上述文献中蚀刻温度为 70 ℃的蚀刻速率数据，再将它们与本研究的结果一起画在图 4-8 上加以比较。可以发现，定性一致的趋势是溶液中 TMAH 质量分数越高，（100）晶面的蚀刻速率越低，但是在 10%～20%质量分数范围内差异较大，我们的蚀刻速率值明显高于大部分数据、略高于 Steinsland 等[39]的数据，他们的蚀刻速率值与在所报道的质量分数范围内呈近似线性变化。导致差异的原因还有待深入研究，但由于各研究在实验细节和测试方法等细节方面有差异（表 4-2），下面深入分析可能的影响因素。

表 4-2 本研究和文献中（100）单晶硅在 70 ℃的 TMAH 溶液中蚀刻速率研究的实验细节比较

掺杂类型（电阻率/Ω·cm）	掩膜形状与尺寸	样品放置方向	容器材质与体积	溶液搅拌	蒸汽回流控制	质量分数/%	蚀刻时长/min	粗糙度表征	Δd 测定方法	作者，发表年[文献号]
N 型（30～50）	方孔；2.5 mm	水平	玻璃；体积不详	否	冷凝器回流	5～40	90	SEM	电子测微计	Tabata 1992[36]
P 型（4～6）	圆、方孔；200 μm	水平	玻璃；6 L	是	冷凝器回流	5～25	60	SEM	轮廓仪	Zubel 2001[37]
P 型（3 800～4 000）	圆孔；1 cm	垂直，单片	玻璃；体积不详	是	冷凝器回流	5～35	不详	无	激光反射干涉	Steinsland 2000[39]
P 型（1～10）	圆形掩膜；5.0 μm	垂直	聚四氟乙烯；0.2 L	是	无	1～25	1～5	AFM	AFM	本研究

（1）**单晶硅的掺杂浓度差异**　从表 4-2 可知，研究中所用单晶硅的掺杂类型和电阻率不同，下面分析这两个因素是否会对这几个材料的蚀刻速率产生影响。Thong 等的结果表明[50]，N 型和 P 型硅在 90 ℃条件下蚀刻 0.5～3.5 h，蚀刻速率无差异，可以推断在更低的 70 ℃蚀刻时，由于蚀刻速率更低，N 型和 P 型硅的蚀刻速率也应该一样。此外，Tabata 等[36]研究了硼掺杂浓度对 N 型多晶硅在 90 ℃的 TMAH 溶液中蚀刻速率的影响，发现掺杂浓度只有高于 10^{18} cm^{-3}（电阻率低于 0.05 Ω·cm）时才会影响蚀刻速率（随掺杂浓度的 4 次方降低），而表 4-2 中单晶硅的电阻率对应的掺杂浓度远低于 10^{18} cm^{-3}，所以可以推断表 4.2 中其他学者的三项研究中，电阻率对蚀刻速率没有影响。综合这两点，认为三项研究中单晶硅的物理性质差异不会影响蚀刻速率，同样不能解释本研究的蚀刻速率值明显高于它们的现象。

（2）**蚀刻过程中的蒸汽散失**　表 4.2 相关文献中，蚀刻过程均采用了正规的蒸汽封闭回流控制，这样有效防止了蒸汽蒸发，保证除化学反应外 TMAH 不损失。本研究的蚀刻装置中，仅用盖板盖住容器口防止蒸发损失，在盖板和开口处会有缝隙，蒸汽会散失；另外，在取放样品过程中需要短暂地拿开小盖板，也会造成蒸汽散失。当尽量减小缝隙和快速地取放样品时，在蚀刻过程中并没有观察到明显的溶液量减少。另外，由于 TMAH（2 300 Pa）远低于水的蒸汽压，即使有蒸汽散失，散失成分应该主要是水，所以蒸汽散失会导致溶液中 TMAH 的实际质量分数增加而不是降低。图 4-8 表明，TMAH 质量分数越高，蚀刻速率越低。我们据此进行了推理，在本研究针对某质量分数的蚀刻实验中，如果在蚀刻过程中发生了蒸汽散失，TMAH 实际质量分数应增加，将会导致蚀刻速率降低而不是升高，则实测蚀刻速率就应该低于文献中报道的相同质量分数条件下的蚀刻速率。但是，所得结果恰好与此相反——TMAH 质量分数为 10～20%的蚀刻速率反而高于文献值。所以，蒸汽散失防护措施的差异不是导致本研究和文献结果差异的原因。

（3）**蚀刻时间**　Tabata 等[36]和 Zubel 等[37]的蚀刻时间分别长达 60 min 和 90 min，在某一质量分数溶液中蚀刻后，直接用测定的 Δd 除以蚀刻时间计算得到蚀刻速率，为单点测定数据。本研究中蚀刻速率的蚀刻时间为 1～5 min，蚀刻速率通过前述对不同时间的 Δd 进行拟合确定。此外，本研究中选择短蚀刻时间的原因：限于掩膜孔的尺寸，对于 TMAH 质量分数为 1%时的蚀刻实验，如图 4-3 所示，蚀刻时间为 7 min 时底面已经基本消失，无法测定 Δd，而为了保持蚀刻时间一致，选了较短的蚀刻时间。当然，不能因此认为所用方法更可靠，但由于通常认为蚀刻速率不会随蚀刻时间而变化，短时间蚀刻和长时间蚀刻的蚀刻速率没有差异，所以蚀刻时间长短的影响也不能解释结果的差异。

（4）**Δd 测定方法**　Tabata 等[36]用电子千分尺测定 Δd，Zubel 等[37]用轮廓仪测定 Δd，Steinsland 等[39]用激光反射干涉法测定 Δd，而本研究用 AFM 测定 Δd。如果图形蚀坑底部较粗糙（尤其是 TMAH 质量分数为 1%时的结果），轮廓量规仪和电子千分尺的测试尖头或夹头只能接触到底部凸起的顶部，无法接触到真正的底部表面，而 AFM 的针尖更尖锐，能够探测到真正的底面，测定的 Δd 值更大。初看，这似乎是导致结果差异的主要原因,但又发现 TMAH 质量分数高于 10%时蚀坑底部已经比较光滑,不同方法测定 Δd 不可能产生大的差异。所以,这个因素也不能解释结果间的差异。

(5) **样品放置方向** Tabata 等[36]和 Zubel 等[37]将样品水平放置在反应容器内(其样品较大),而 Steinsland 等[39]和本研究将样品垂直放置(本研究的样品尺寸较小,垂直放置能同时多放置几个样品)。推测垂直放置比水平放置更有利于图形坑底的反应产物更快扩散到溶液中,而且本研究所用的容器体积更小,溶液被搅拌后扩散会加速,所以造成了更高的蚀刻速率。不过,这一推测似乎很难解释为什么在 TMAH 质量分数最低和最高时几组数据的差异反而很小的结果。进而推测,由于 TMAH 质量分数最低时蚀刻速率最快,界面处产物很多来不及扩散,反应严重受扩散控制,即使搅拌溶液也无法更有效地减薄扩散层;而 TMAH 质量分数最高时蚀刻速率最慢,界面处产物量少,反应不受扩散控制,溶液搅拌与否都不会对蚀刻速率造成影响。据此推测,这也导致了本研究的结果与 Steinsland 等[39]的结果较接近。以上推测仅仅是导致结果差异的一种可能原因。

(6) **容器材质** 据张建辉等[51]的研究,70 ℃的 TMAH 溶液,pH 为 11~13。虽然 SiO_2 在 TMAH 溶液中的蚀刻速率比硅低近 4 个数量级,但若容器玻璃与热的蚀刻液长时间接触,蚀刻液仍然会腐蚀玻璃,并将腐蚀产物及玻璃中的金属离子带入溶液。本研究已考虑到这一点,蚀刻实验中所用的反应容器、样品花篮、容器盖板和热电偶保护管等均为聚四氟乙烯材质,避免了这一问题。文献中反应容器均为玻璃制品,而且容器体积较大,蚀刻过程中会不可避免地在蚀刻液中引入 $Si(OH)_4$ 和 $Si_2(OH)_2^{2-}$。对于这些产物是否阻碍反应的进行,文献中尚无一致的看法。Conway 等[52]认为产物会在表面聚合,阻碍反应的进行同时增加了表面粗糙度,而且蚀刻速率越高影响越大。Tabata[53]则发现蚀刻速率随溶液中额外加入的溶解硅的量增加而缓慢增加,但是我们注意到该实验中的最少溶解硅的浓度高达 0.3 mol/L,简单估算表明表 4-2 中的溶解硅浓度远低于该浓度。因此,在反应过程中,这些产物可能沉积在硅衬底表面阻碍蚀刻反应的进行从而降低了蚀刻速率。虽然目前尚需更多的详细研究来揭示其中的机制,但可推测,由于所设计的蚀刻实验避免了沉积物的影响,蚀刻速率更接近真实值。因此,该因素与上面(5)中讨论的扩散因素一起作用,导致在中等 TMAH 质量分数时实测蚀刻速率变化偏离文献中的线性变化趋势。

综合上面对单晶硅的掺杂浓度差异、蚀刻过程中的蒸汽散失、蚀刻时间、Δd 测定方法、样品放置方向等 6 个可能影响原因的分析,可推测样品放置方向和容器材质是导致本研究的蚀刻速率结果与文献中差异的可能原因,在后续研究中还需要通过改变放置方式和调节搅拌速度等来检验这一猜测。研究也发现,最近任霄峰于 80 ℃所做蚀刻实验的蚀刻结果也显示出与本研究所发现的很类似的蚀刻速率变化趋势[54],但作者并未深究(该文中未写明温度,此处系结合 Tabata 等[36]的数据确定)。因此,需要重视该问题,今后需要更多的工作来解决该问题。

4.5 小结

以表面覆盖圆孔形 SiO_2 掩膜的图形化（100）单晶硅衬底为模型体系，系统研究了其在温度为 70 ℃的不同质量分数 TMAH 溶液中的蚀刻行为，得到了如下结论。

①在质量分数为 1%的 TMAH 溶液中蚀刻，蚀刻初期形成倒八棱锥结构，该结果在文献中还未见报道。

②利用 SEM 和 AFM 表征，准确确定了不同结构侧面暴露的晶面指数：$C_1\{3\bar{4}0\}$、$C_2\{1\bar{1}0\}$、$C_3\{\bar{1}11\}$、$C_4\{211\}$ 和 $C_5\{1\ 14\ 0\}$。纠正了文献中认为 $C_5\{1\ 14\ 0\}$ 晶面是 $\{100\}$ 晶面的错误认识。

③确定了（100）晶面的蚀刻速率，发现所测定的蚀刻速率在 TMAH 的质量分数为 10%～20%范围内明显高于文献结果，推测是样品放置方向和容器材质不同所致。

5 研究方案及进度安排，预期达到的目标和取得的研究成果

下面详细阐述计划的研究方案，提出预期达到的目标和计划取得的研究成果，并给出相应的进度安排。

5.1 研究方案

（1）**单晶硅衬底的预处理和表面周期性掩膜的制备**　所用的单晶硅为 P 型（100），电阻率为 1～10 Ω·cm。单晶硅衬底的清洗采用改进的 RCA 清洗法[55]，所用容器的材质为聚四氟乙烯。具体的清洗流程安排如下：将样品置于丙酮中浸泡 6 h，去离子水冲洗，氮气吹干；将 Deconex 清洗剂与无水乙醇和去离子水以体积比为 1∶10∶89 的比例混合，超声清洗 30 min 后，去离子水冲洗，氮气吹干；将硅片置于沸腾去离子水中，加热煮沸 30 min，冷却后氮气吹干；将硅片置于聚四氟乙烯花篮中，向其中加入体积比为 3∶1 的浓硫酸和过氧化氢混合溶液，升温至 80 ℃后浸泡 30 min，去离子水冲洗，氮气吹干；将清洗干净的样品置于洁净的聚四氟乙烯样品盒中储存备用。

（2）**圆孔和圆柱形的周期图形化 SiO_2 掩膜的制作**　采用标准光刻工艺联合 BOE 溶液（配比为 HF（体积分数为 49%）∶NH_4F（体积分数为 40%）=1∶6（体积比））湿法蚀刻转移技术，在（100）单晶硅上分别制备圆孔和圆柱形的图形化 SiO_2 掩膜，用于制备圆孔和圆柱形的图形化硅衬底。图形化 SiO_2 掩膜的具体制备方法安排如下：将清洗好的硅片置于 BOE 溶液中蚀刻 30 s 去除底表面的自然氧化层，用上一段的方法清洗硅片后在其上制备图形化 SiO_2 掩膜。

硅片上图形化 SiO_2 掩膜的制备流程图如图 5-1 所示。首先，利用等离子体增强化学气相沉积（PECVD）工艺方法在硅衬底表面沉积一层 SiO_2 薄膜，将光刻胶旋涂于 SiO_2

薄膜上，将圆孔形掩膜板（圆孔直径为 5.0 μm、周期为 13.1 μm）与硅片参考边对准，进行紫外曝光及显影处理，完成图形化光刻胶掩膜的制备。然后，将衬底置于 BOE 溶液中蚀刻暴露出的 SiO_2 薄膜（光刻胶覆盖的 SiO_2 仅会被轻微侧蚀），置于丙酮中超声 20 min 去除残余的光刻胶，即得到表面覆盖有图形化 SiO_2 掩膜的硅衬底。

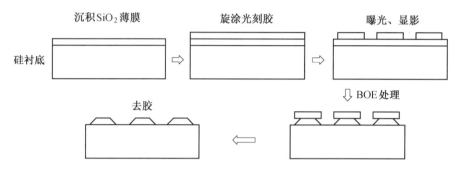

图 5-1　硅片上图形化 SiO_2 掩膜的制备流程图

圆孔或圆柱形图形化二氧化硅掩膜的制备略有区别，所采用的光刻胶种类不同：制备圆孔形图形用正胶，制备圆柱形图形用负胶。正胶经紫外曝光后可在显影液中快速去除，未被曝光部分在显影液中更稳定；反之，负胶经紫外曝光后产生交联，在显影液中更稳定，未曝光部分可在显影液中快速去除。

要特别注意仔细控制 BOE 溶液的蚀刻时间。若蚀刻时间过短，SiO_2 蚀刻不完全会残留在硅衬底上；若蚀刻时间过长，暴露出的硅衬底会被 BOE 溶液轻微蚀刻，将影响后续的硅蚀刻行为研究。因此，对 BOE 溶液蚀刻时间不同的样品，要利用 SEM 表征（包括能谱成分分析）和 AFM 确定合适的蚀刻时间。

（3）**图形化硅衬底在 TMAH 蚀刻液中的蚀刻实验**　　TMAH 溶液质量分数为 1%～25%，体积为 200 mL，蚀刻温度为 70 ℃，蚀刻时间为 1～20 min。向反应容器内加 TMAH 溶液，将反应容器置于加热板上加热至所需温度后，将装有硅片的花篮放入溶液中进行蚀刻（为保持衬底表面蚀刻的均匀性，在蚀刻过程中溶液内保持 900 r/min 磁力搅拌），待蚀刻完成后将花篮取出，将样品清洗后置于另一有 BOE 溶液的反应容器中蚀刻 120 s 去除 SiO_2 掩膜，待蚀刻完成后将花篮取出，清洗样品以备后续测试表征。

计划借鉴以前制作石英反应器的经验[56]，为防止在加热、蚀刻、放入和提起花篮过程中溶液过量挥发影响结果，也方便测温和随时放入、提起花篮，在盖住容器杯口的大盖板上开大小两个圆孔（图 5-2）。小圆孔用于放置热电偶，大圆孔用于放入和提起花篮，大圆孔上盖有小盖板——上面的小孔用于固定花篮提杆避免花篮触及容器底部（不妨碍容器底面磁力搅拌子的转动）。

由于在加热条件下，玻璃会与 TMAH 溶液和 BOE 溶液发生反应污染样品，故蚀刻实验中的反应容器、样品花篮、应容器盖板和热电偶保护管等均应采用聚四氟乙烯材质，需要专门定制。

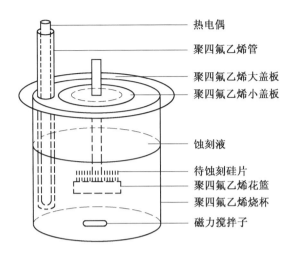

图 5-2　单晶硅在 TMAH 中蚀刻用聚四氟乙烯反应容器结构和样品放置示意图

（4）图形表面形貌观测和暴露晶面的测定　通过改变 TMAH 溶液质量分数和蚀刻时间，运用 SEM 和 AFM 表征技术观测一系列样品，考察圆孔和圆柱侧壁及底面的晶面暴露与形貌演变，发挥 AFM 的三维成像能力并结合硅的晶体学特征确定暴露晶面的晶面指数、计算蚀刻速率。

计划利用 SEM 表征 SiO_2 掩膜和硅衬底的表面形貌并测定特征结构的二维尺寸。对于特定的结构和无法用 AFM 测试的结构（如内凹的斜面），需要用 SEM 对样品的断面或截面进行观测。计划按照如下方法制作截面样品：将晶向确定的硅片垂直镶嵌包埋于固化的环氧树脂中，用砂纸沿特定方向打磨镶样的硅片截面，直至露出所需的斜面，用丙酮溶胀除去环氧树脂取出硅片，在 SEM 样品台上将截面水平放置进行观测。利用 AFM 表征 SiO_2 掩膜和硅衬底的三维表面形貌并测定特征结构的几何尺寸。AFM 成像将采用 ScanAsyst® 模式，探针悬臂的标称力常数为 2.5 N/m，针尖尖端尖锐（标称尖端曲率半径小于 7 nm）且针尖前侧壁垂直于悬臂，适用于表面大角度凸起结构的表征，可避免成像假象[57, 58]。AFM 图像将均用 NanoScope Analysis® 软件进行分析。研究方案的流程图如图 5-3 所示。

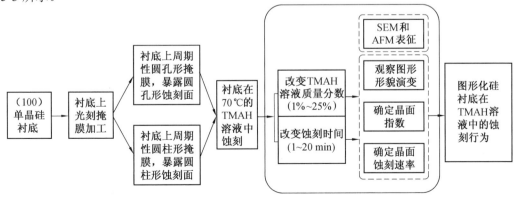

图 5-3　研究方案的流程图

5.2 进度安排

（1）**第一阶段**　　2017年9月～2018年3月，阅读国内外的有关文献，掌握单晶硅太阳能电池及硅湿法蚀刻的基础理论知识和研究技术；设计并制作湿法蚀刻装置；熟悉 SEM 及 AFM 的使用。

（2）**第二阶段**　　2018年4月～2018年11月，联系外部合作单位，采用标准光刻掩膜制作工艺在衬底上制备圆孔和圆柱形的周期图形化 SiO_2 掩膜；摸索 BOE 选择性去除 SiO_2 掩膜的实验条件；系统改变蚀刻液的质量分数和蚀刻时间，研究圆孔形和圆柱形两种形状图形化衬底的图形形貌和晶面演变。

（3）**第三阶段**　　2018年12月～2019年3月，确定不同蚀刻条件下的晶面蚀刻速率；分析确定晶面蚀刻动力学与图形形貌演变的关系。

（4）**第四阶段**　　2019年4月～2019年6月，分析总结，得出规律性结论；撰写供投稿或发表的 SCI 论文，撰写发明专利申请书；撰写学位论文，准备答辩。

5.3 预期达到的目标和取得的研究成果

（1）**预期达到的目标**　　揭示圆孔和圆柱图形化（100）单晶硅衬底在 70 ℃ TMAH 溶液中蚀刻时的形貌和晶面演变规律。

（2）**预期取得的研究成果**　　投稿或发表 1 篇 SCI 论文，申请 1 项国家发明专利。

6　为完成课题已具备和所需的条件及经费

本研究所需的蚀刻反应容器需定制，已经联系好合适的厂家加工。衬底的掩膜光刻加工，已经联系×××研究所协助完成。其他表征测试均可在校分析测试中心、学院分析测试平台及本实验室完成。研究经费充足、有保证。

7　预计研究过程中可能遇到的困难和问题，以及解决的措施

根据对研究方案的分析和本人的初期研究经验，预计会遇到如下困难和问题，并提出了相应的解决方法。

（1）**普通 AFM 针尖用于表征垂直的侧壁时结果不准确**　　当表面结构的侧壁接近垂直时，普通 AFM 的针尖倾角不够大，很容易出现成像假象，影响结果的可靠性。

拟解决方案：采用前端垂直的 AFM 针尖进行表征，同时用 SEM 观察侧壁的侧面轮廓，检验 AFM 表征结果的可靠性。

（2）蚀刻中产生的气泡影响表面蚀刻过程　　蚀刻过程中不断产生的气泡附着于硅片表面，可能阻碍蚀刻反应的进行，实测的蚀刻速率可能低于真实值。

拟解决方案：将蚀刻花篮悬空放置于容器中，对溶液进行磁力搅拌，并调整样品间的距离，使气泡能较快脱离硅片表面。

8　主要参考文献

[1] GREEN M A. Third generation photovoltaics: solar cells for 2020 and beyond[J]. Physica E, 2002, 14(1):65-70.

[2] 王文静. 晶体硅太阳电池制造技术[M]. 北京：机械工业出版社. 2014：17-31.

[3] 陈俊帆，赵生盛，高天. 高效单晶硅太阳电池的最新进展及发展趋势[J]. 材料导报, 2019, 33（1）：110-116.

[4] TANG Q T, SHEN H L, YAO H Y, et al. Potential of quasi-inverted pyramid with both efficient light trapping and sufficient wettability for ultrathin c-Si/Pedot:PSS hybrid solar cells[J]. Solar Energy Materials and Solar Cells, 2017, 169: 226-235.

[5] 何苗，陈建林，周厅. 陷光结构应用于太阳能电池的研究进展[J]. 材料导报, 2018, 32（5）：696-707.

[6] LU X D, LI Y K, LUN S X, et al. High efficiency light trapping scheme used for ultrathin c-Si solar cells[J]. Solar Energy Materials and Solar Cells, 2019, 196: 57-64.

[7] LOGET G, VACHER A, FABRE B, et al. Enhancing light trapping of macroporous silicon by alkaline etching: application for the fabrication of black Si nanospike arrays[J]. Materials Chemistry Frontiers, 2017, 1(9): 1881-1887.

[8] KOYNOV S, BRANDT M S, STUTZMANN M, et al. Black nonreflecting silicon surfaces for solar cells [J]. Applied Physics Letters, 2006, 88(20): 203107.

[9] ROLA K P, ZUBEL I. Study on etching anisotropy of Si(*hkl*) planes in solutions with different KOH and isopropyl alcohol concentrations[J]. Materials Science-Poland, 2011, 29(4): 278-284.

[10] YOU J S, KIM D, HUH J Y, et al. Experiments on anisotropic etching of Si in tmah [J]. Solar Energy Materials and Solar Cells, 2001, 66(1-4): 37-44.

[11] FAN Y, HAN P, LIANG P, et al. Differences in etching characteristics of TMAH and KOH on preparing inverted pyramids for silicon solar cells[J]. Applied Surface Science, 2013, 264: 761-766.

[12] ZHANG L, YUAN G D, WANG Q, et al. Effects of etching conditions on surface morphology of periodic inverted trapezoidal patterned Si(100) substrate[J]. Optoelectronics Letters, 2017, 13(1): 45-49.

[13] SALVALAGLIO M, BACKOFEN R, VOIGT A, et al. Morphological evolution of pit-patterned Si(001) substrates driven by surface-energy reduction[J]. Nanoscale

Research Letters, 2017, 12(1): 554-562.

[14] SMILJANIĆ M M, LAZIĆ Z, RADJENOVIĆ B, et al. Evolution of Si crystallographic planes-etching of square and circle patterns in 25 mass% TMAH[J]. Micromachines, 2019, 10(2): 102-116.

[15] SHEN J, ZHANG D, WANG Y, et al. AFM and SEM study on crystallographic and topographical evolutions of wet-etched patterned sapphire substrate (PSS): part III. Cone-shaped pss etched in H_2SO_4 and H_3PO_4 mixture at various temperatures[J]. ECS Journal of Solid State Science and Technology, 2017, 6(12): R163-R169.

[16] ZHAO J, WANG A, GREEN M A. 24.5% efficiency silicon PERT cells on MCZ substrates and 24.7% efficiency PERL cells on FZ substrates[J]. Progress in Photovoltaics: Research and Applications, 1999, 7: 471-474.

[17] 王彦青, 王秀峰, 江红涛. 硅太阳能电池减反射膜的研究进展[J]. 材料导报, 2012, 26(19): 151-156.

[18] LIU C W, CHENG C L, DAI B T, et al. Fabrication and photovoltaic characteristics of coaxial silicon NANOWIRE solar cells prepared by wet chemical etching[J]. International Journal of Photoenergy, 2012, 2012: 1-8.

[19] JEONG C, BOO S, KIM H S, et al. Investigation on the texture effect of RF magnetron-sputtered ZnO:Al thin films etched by using an ICP etching method for heterojunction Si solar cell applications[J]. Journal of Korean Physical Society, 2008, 53(1): 431-436.

[20] COLWELL J, HSIAO P, ZHANG W, et al. Laser ablation ICP-MS for detection of substrate contamination from plated metal contacts in silicon solar cells[J]. Journal of Analytical Atomic Spectrometry, 2018, 33(3): 422-430.

[21] GREEN M A, BLAKERS A W, OSTERWALD C R, et al. Characterization of high-efficiency silicon solar-cells[J]. Journal of Applied Physics, 1985, 58(11): 4402-4408.

[22] CHOI A, KIM J Y, LEE J E, et al. Effects of PDMS curing ratio and 3D micro-pyramid structure on the formation of an in vitro neural network[J]. Current Applied Physics, 2009, 9(4): E294-E297.

[23] MCNAMARA D E, QUARATO G, GUY C S, et al. Characterization of MLKL-mediated plasma membrane rupture in necroptosis[J]. Journal of Visualized Experiments, 2018 (138): e58088.

[24] XIAO Y G, LESTRADE M, LI Z Q, et al. Modeling of Si-based solar cells with V-grooved surface texture by crosslight apsys[J]. Proceedings of SPIE, Photovoltaic Cell and Module Technologies, 2007, 6651: 66510F.

[25] KUMAR M D, KIM H, KIM J, et al. Periodically patterned Si pyramids for realizing high efficient solar cells by wet etching process[J]. Solar Energy, 2015, 117: 180-186.

[26] 田嘉彤, 冯仕猛, 王坤霞. 单晶硅表面金字塔生长过程的实验研究[J]. 光子学报,

2011, 40 (10): 1505-1508.

[27] POWELL O, HARRISON H B. Anisotropic etching of {100} and {110} planes in (100) silicon[J]. JOURNAL of Micromechanics and Microengineering, 2001, 11(3): 217-220.

[28] ROLA K P, ZUBEL I. Impact of alcohol additives concentration on etch rate and surface morphology of (100) and (110) Si substrates etched in KOH solutions[J]. Microsystem Technologies, 2013, 19(4): 635-643.

[29] SAWARA S, KOH M, GOTO T, et al. Simple fabrication of high density concave nanopyramid array (NPA) on Si surface[J]. Applied Surface Science, 2000, 159: 481-485.

[30] WANG Y, LIU Y, YANG L, et al. Micro-structured inverted pyramid texturization of Si inspired by self-assembled Cu nanoparticles[J]. Nanoscale, 2017, 9(2): 907-914.

[31] ZHAO L, ZUO Y H, ZHOU C L, et al. Theoretical investigation on the absorption enhancement of the crystalline silicon solar cells by pyramid texture coated with SiN_x:H layer[J]. SOLAR Energy, 2011, 85(3): 530-537.

[32] TANG Q T, SHEN H L, GAO K, et al. Efficient light trapping of quasi-inverted nanopyramids in ultrathin c-Si through a cost-effective wet chemical method[J]. RSC Advances, 2016, 6(99): 96686-96692.

[33] ZHOU S Q, YANG Z H, GAO P Q, et al. Wafer-scale integration of inverted nanopyramid arrays for advanced light trapping in crystalline silicon thin film solar cells[J]. Nanoscale Research Letters, 2016, 11(1): 194-202.

[34] TANAKA H, TAKEDA M, SATO K. Si (100) and (110) etching properties in 5, 15, 30 and 48 mass% KOH aqueous solution containing Triton-X-100[J]. Microsystem Technologies, 2017, 23(12): 5343-5350.

[35] ZUBEL I. Silicon anisotropic etching in alkaline solutions III: on the possibility of spatial structures forming in the course of Si(100) anisotropic etching in KOH and KOH plus IPA solutions[J]. Sensors and Actuators A: Physical, 2000, 84(1-2): 116-125.

[36] TABATA O, ASAHI R, FUNABASHI H, et al. Anisotropic etching of silicon in TMAH solutions[J], Sensors and Actuators A, 1992, 34(1):51-57.

[37] ZUBEL I, BARYCKA I, KOTOWSKA K, et al. Silicon anisotropic etching in alkaline solutions IV—the effect of organic and inorganic agents on silicon anisotropic etching process[J]. Sensors and Actuators A: Physical, 2001, 87(3): 163-171.

[38] STEINSLAND E, NESE M, HANNEBORG A, et al. Boron etch-stop in TMAH solutions[J]. Sensors and Actuators A: Physical, 1996, 54: 728-732.

[39] STEINSLAND E, FINSTAD T, HANNEBORG A. Etch rates of (100), (111) and (110) single-crystal silicon in TMAH measured in situ by laser reflectance interferometry[J]. Sensors and Actuators A: Physical, 2000, 86: 73-80.

[40] SMILJANIĆ M M, JOVIĆ V, LAZIĆ Z. Maskless convex corner compensation technique on a (100) silicon substrate in a 25 wt% TMAH water solution[J]. Journal of Micromechanics and Microengineering, 2012, 22: 115011.

[41] BEAN K E. Anisotropic etching of silicon[J]. IEEE Transactions on Electron Devices, 1978, 25(10): 1185-1193.

[42] PAL P, SATO K, SHIKIDA M, et al. Study of corner compensating structures and fabrication of various shapes of MEMS structures in pure and surfactant added TMAH[J]. Sensors and Actuators A: Physical, 2009, 154(2): 192-203.

[43] ZUBEL I, BARYCKA I. Silicon anisotropic etching in alkaline solutions I. The geometric description of figures developed under etching Si(100) in various solutions[J]. Sensors and Actuators A: Physical, 1998, 70(3): 250-259.

[44] MERLOS A, ACERO M, BAO M H, et al. TMAH/IPA anisotropic etching characteristics[J]. Sensors and Actuators A: Physical, 1993, 37-38(3): 737-743.

[45] CHARBONNIERAS A R, TELLIER C R. Characterization of the anisotropic chemical attack of {$hk0$} silicon plates in a T.M.A.H. solution: determination of a database[J]. Sensors and Actuators A: Physical, 1999, 77: 81-97.

[46] RESNIK D, VRTACNIK D, AMON S. Morphological study of crystal planes anisotropically etched in (100) silicon: role of etchants and etching parameter[J]. Journal of Micromechanics and Microengineering, 2000, 10: 430-439.

[47] SHIKIDA M, MASUDA T, UCHIKAWA K, et al. Surface roughness of single-crystal silicon etched by TMAH solution[J]. Sensors and Actuators A: Physical, 2001, 90: 223-231.

[48] YANG C, YANG C, CHEN P. Study on anisotropic silicon etching characteristics in various surfactant-added tetramethyl ammonium hydroxide water solutions[J]. Journal of Micromechanics and Microengineering, 2005, 15: 2028-2037.

[49] SWARNALATHA V, RAO A V N, ASHOK A, et al. Modified TMAH based etchant for improved etching characteristics on Si{100} wafer[J]. Journal of Micromechanics and Microengineering, 2017, 27: 085003.

[50] THONG J T L, CHOI W K, CHONG C W. TMAH etching of silicon and the interaction of etching parameters[J]. Sensors and Actuators A: Physical, 1997, 63: 243-249.

[51] 张建辉，李伟东，万红，等. TMAH 腐蚀液制作硅微结构的研究[J]. 传感技术学报，2006，19（3）：593-596.

[52] CONWAY E M, CUNNANE V J. Effects of chemical pre-treatments on the etching process of p(100) Si in tetra-methyl ammonium hydroxide solution[J]. Journal of Micromechanics and Microengineering, 2001, 11: 245-256.

[53] TABATA O. pH-controlled TMAH etchants for silicon micromachining[J]. Sensors and ACTUATORS A: Physical, 1996, 53: 335-339.

[54] 任霄峰. TMAH 湿法腐蚀工艺制备微台面结构[J]. 微纳电子技术，2018，55（7）：526-531.

[55] ZHANG D, WANG Y, GAN Y. Characterization of critically cleaned sapphire single-crystal substrates by atomic force microscopy, XPS and contact angle

MEASUREMENTS[J]. Applied Surface Science, 2013, 274: 405-417.

[56] SHEN J, ZHANG D, WANG Y, et al. AFM and SEM study on crystallographic and topographical evolution of wet-etched patterned sapphire substrates (PSS): I. Cone-shaped PSS ETCHED in sulfuric acid and phosphoric acid mixture (3∶1) at 230 °C[J]. ECS Journal of Solid State Science and Technology, 2017, 6: R24-R34.

[57] SHEN J, ZHANG D, ZHANG F H, et al. AFM characterization of patterned sapphire substrate with dense cone arrays: image artifacts and tip-cone convolution effect[J]. Applied Surface Science, 2018, 433: 358-366.

[58] SHEN J, ZHANG D, ZHANG F H, et al. AFM tip-sample convolution effects for cylinder protrusions[J]. Applied Surface Science, 2017, 422: 482-491.

参 考 文 献

[1] 李兴昌. 科技论文的规范表达——写作与编辑[M]. 2 版. 北京：清华大学出版社，2016.

[2] 哈尔滨工业大学研究生院. 研究生学位论文撰写规范. 哈尔滨：哈尔滨工业大学，2021.

[3] 施一公. 如何提高英文的阅读与写作能力？[EB/OL] (2018-11-27)[2021-04-23]. https://www.douban.com/note/698105177/.

[4] 胡键. 怎样写好一篇学术论文？[EB/OL] (2019-03-16)[2021-04-23]. https://www.sohu.com/ a/301652676_481741.

[5] 意得辑. 重复发表和一稿多投 [EB/OL]. (2013-11-26)[2021-04-23]. https://www.editage.cn/ insights/ chong-fu-fa-biao-he-yi-gao-duo-tou-2155.